평생 공부 습관 만들어 주는

초등학생의 공부는 습관이 90%를 좌우한다

프롤로그

여러분은 자녀의 공부에 대해 다음과 같이 잘못 생각하고 있지는 않은가요?

- 가고자 하는 학교나 성적 향상 등의 목표가 있으면 아이도 적극적으로 공부할 것이다
- 의욕이나 끈기가 있으면 꾸준히 공부에 열중할 수 있다
- 학년이 올라가면 철이 들어서 공부를 할 것이다

이것은 20년 이상 제가 학생을 지도하면서 흔히 볼 수 있었던 많은 부모가 하는 오해의 대표적인 예입니다. 부모의 생각과 달리 안타깝게도 대부분 그렇지 않습니다.

5학년이 되고 6학년이 되어도 고학년으로서의 자각이 생기지 않은 채 아이는 여전히 느긋하기만 합니다. 그런 아이를 보면 부모는 애가 탑니다.

'○○중학교에 가고 싶어 혹은 ○○고등학교에 가고 싶어'라고 입으로는 말해도 행동은 그렇지 않습니다.

그리고 마침내 화가 폭발하고 맙니다!

아이를 심하게 꾸짖고 나면 부모도 자기혐오에 빠지거나 아이가 반발하며 부모에게 대들기도 합니다. 그러면서 아이는 점점 공부가 싫어지고 부모와의 관계도 멀어집니다. 성적 역시 떨어집니다.

중학 입시나 특목고를 미리 준비하는 가정에서 자주 볼 수 있는 광경입니다. 부모도 자식도 몹시 괴로운 시간을 보내게 되지요. 왜 이처럼 많은 부모와 자식이 공부 문제로 어려움을 겪게 되는 걸까요?

좋은 성적을 받고 싶으면 습관을 바꾸자

가장 큰 요인 중 하나가 '습관의 메커니즘을 모른다'는 것입니다.

사람의 행동은 많은 부분이 습관에 지배되어 있습니다.

일정한 시간이 되면 밥을 먹고 샤워를 하며 이를 닦은 후 잠을 잡니다.

냉장고 안에 군것질거리가 없는 것을 알아도 무심코 냉장고를 열어 보기도 합니다. 학창 시절의 제가 그랬습니다.

특별히 보고 싶은 프로그램이 없어도 아무 생각 없이 텔레비전을 켜기도 합니다.

늘 하는 행동을 그냥 반복하고 싶어집니다.

같은 행동을 반복하면 같은 결과를 초래하는 것은 당연한 일입니다.

집에 돌아오면 냉장고 문을 열고 간식을 먹는 생활을 지속한 사람은 살이 찔 수밖에 없습니다. 집에 돌아오면 텔레비전부터 먼저 켜는 수험생은 성적이 오를 리가 없습니다.

만약 단지 하루 동안 간식을 참거나 공부를 열심히 한다고 해도 지속하지 않으면 결과는 변하지 않을 것입니다.

그러므로 '오늘 자신을 바꾸어 좋은 성적을 받고 싶다'라고 생각한다면 습관을 바꿔야 합니다.

사람의 뇌는 '현상 유지'를 좋아하고 '변화'를 싫어한다

그러나 습관을 바꾸는 일은 습관의 메커니즘을 알지 못하면 어렵습니다. 왜냐하면 습관은 강력한 '현상 유지'의 힘이 작용하기 때문입니다.

우리의 뇌는 '생존하는 일'에 최적화되어 있습니다.

나쁜 성적을 받거나, 시험에서 불합격이 되거나, 급여가 낮거나, 살이 쪄서 내장비만 체형이 되는 등 그러한 일에는 아랑곳하지 않습니다.

꿋꿋이 살아갈 수만 있다면 그것으로 괜찮습니다.

그러면 '현상 유지'는 생존을 위해 매우 유효한 전략입니다.

지금 살아있다! 그것이 우리의 본능에서는 대성공이기에 '이러한 승리 패턴, 성공 패턴을 반복하자!'라고 판단합니다. 따라서 같은 행동의 반복을 선호하는 것도 당연한 일입니다.

행동이 변화하면 죽음의 위험이 커집니다.

우리의 뇌가 만들어진 원시적인 환경에서는 낯선 장소에 가거나 익숙하지 않은 행동을 하는 것은 마치 위험한 육식 동물에게 습격당하거나 음식을 손에 넣지 못하는 것처럼 매우 위험이 큽니다. 그래서 우리의 뇌는 변화를 싫어합니다.

그 때문에 우리의 의식이 현재를 바꾸고 싶어! 성적을 올리고 싶어! 합격하고 싶어! 월급을 올리고 싶어! 살 빼고 싶어! 라고 생각해도 우리의 무의식이나 본능적인 뇌의 작용이 현상 유지를 선택해 버립니다.

여러분이나 여러분의 자녀가 지금에 만족한다면 아무런 문제가 없습니다. 이미 매우 우수한 성적을 받고 있어서 그것을 유지하여 '합격'이라는 이상적인 미래를 손에 넣을 수 있다면 지금의 공부 습관이나 생활 습관을 지속하면 됩니다. 우리의 뇌가 '현상 유지'를 원하는 힘은 이상적인 미래를 손에 넣을 수 있도록 도와줄 것입니다.

그러나 그렇지 않아서 이상적인 미래를 손에 넣기 위해 지금의 상태를 바꿔야 한다면 매일의 행동 습관을 바꿔야 합니다. 그러면 어떻게 해야 현상 유지의 힘을 이겨내고 습관을 바꿀 수 있을까요?

그것이 제가 이 책 '초등학생의 공부는 습관이 90%를 좌우한다'를 통해 여러분에게 전하고 싶은 주제입니다.

'바람직한 습관을 들이는 일'에는 비결이 있다

　이 책은 자기 행동을 통제하고 여러 번 반복하는 사이에 습관이 되는 간단한 방법을 알기 쉽게 해설하고 있습니다.

　이 방법은 하버드대학교, 스탠퍼드대학교, 예일대학교 등 세계적인 연구기관에서 실시한 실험 및 연구를 바탕으로 하고 있으며 누구나 따라 하기 쉽고 다양한 곳에 적용할 수 있습니다.

　이 책에서 소개하는 연구 중에는 '공부에 열중한 경우'와 '공부에 열중하지 못한 경우'의 비교한 실험도 있습니다. 폭넓은 연령층의 학생을 대상으로 실시된 연구들로 공부의 습관을 몸에 익히고 싶은 아이들에게도 참고할 부분이 많을 것입니다.

　다이어트를 위해서 '단 음식의 유혹을 참아낸 사람'과 '단 음식의 유혹을 참아내지 못한 사람'의 차이를 비교한 연구도 있습니다.

　'먹고 싶다'라는 본능적인 욕구를 이겨내는 것은 어려운 일입니다.

　유혹을 이기고 참아낸 사람은 무엇이 달랐던 걸까요? 그것을 알게 된다면 매일 텔레비전이나 게임, 유튜브의 유혹과 싸우는 아이들에게도 큰 도움이 될 것입니다.

　'헬스장에 다니는 습관을 만든 사람'과 '헬스장에 다니는 습관을 만들지 못한 사람'의 차이를 조사한 연구도 배울 점이 많을 것입니다.

　이러한 연구를 통하여 언뜻 보기에는 힘들 것 같은 길이 습관화하기 위해서는 실제로 편한 길이라는 것을 알았습니다. 사람들은 '힘들지 않은 습관'을 만들려고 했기에 오히려 습관화에 실패했을지도 모릅니다.

이 책의 가장 큰 가치는 성격적으로는 꾸준히 열중하는 것에 서투른 아이라도 능숙하게 자신을 통제하는 방법을 아는 것입니다.

성공에 필요한 것은 타고난 좋은 머리보다도 노력을 쌓는 것입니다.

그러나 노력은 누구나 할 수 있다고 생각하지만, 실제로는 노력할 수 있는 성격을 가졌는지에 따라 영향을 받습니다.

그리고 성격의 절반 정도는 유전이기에 선천적으로 정해졌다고 합니다.

만일 그렇다면 결국 '노력할 수 있는 성격'을 갖고 태어난 아이가 성공할 수 있고 그렇지 않은 아이는 성공할 수 없게 됩니다.

이것은 몹시 슬픈 현실입니다.

'꾸준히 하는 것이 서투른' 아이라도 '노력하는 습관'이 몸에 밴다

그러나 이 책이 전하는 습관화의 기술을 사용하면 노력이 서투른 성격의 아이라도 노력하는 습관을 몸에 익힐 수 있습니다. 지금부터 습관화 기술을 몇 가지 소개하겠습니다.

- 의욕의 스위치를 만드는 'If-Then 플래닝'
- 행동의 반복률을 높이는 '즉각적 보상'
- 목적 달성을 방해하는 '유혹과 싸우는 방법'
- 습관화를 가속하는 '빈도'
- 자기 통제력을 높이는 '두 가지 감정'
- 성취로 이끄는 목표를 세우는 '5가지 규칙'

이러한 기술을 사용하면 최종적으로는 자신의 성격까지 바꿀 수 있습니다. '참을성이 없어', '집중력이 짧아', '할 일을 미룬 채 놀아버리지' 등 의지가 약한 아이들에게 이 책은 큰 도움이 될 것입니다.

- '높은 레벨의 수업을 듣기 위해 힘내야지'라고 하면서도 입으로만 말할 뿐 행동은 따라주지 않는다
- '○○시가 되면 숙제해야지'라고 하면서도 하염없이 질질 끈다
- 유튜브나 게임을 그만두지 못한 채 계속한다

이랬던 아이가 다음과 같이 바뀝니다.

- 시험을 위해 계획적으로 공부한다
- 숙제를 쌓아두지 않고 적절하게 양을 분배하여 끝낸다

- 노는 시간을 스스로 조절한다

또한 아이들을 위해서 이 책을 읽는 부모도 자신의 습관을 자유자재로 조절할 수 있게 되어 건강한 신체나 일의 성과를 손에 넣을 수 있습니다.

만일 아이를 성적 향상의 길로 인도하고 싶다면, 또는 원하는 학교에 합격시키고 싶다면 분명히 이 책은 도움이 될 것입니다.

여러분의 자녀가 성공적인 인생을 사는 데 도움이 된다면 더없이 행복할 것 같습니다.

2023년 12월 신가쿠카이 대표 기쿠치 히로타다(菊池 洋匡)

목차

프롤로그 4

1장 '성공하는 사람'의 공통된 특징은 무엇인가?

1-1 성공을 결정하는 것은 재능일까? 노력일까? 22
  시험의 승자는 '노력'으로 만들어진 것이 아니라고 생각하는 아이도 많다 24
  어떻게 하면 노력하는 아이로 키울 수 있을까? 26

1-2 '마시멜로 실험'은 인생의 성공을 예측한다 29
  자기 통제력이 높은 아이는 성공할 확률이 높다 30
  인생의 성공에서 특히 중요한 것은 '성실함'이다 32

1-3 '마시멜로 실험'에 성공한 아이는 어떻게 성공했을까? 35
  인내력이 강하지 않은 보통의 아이는 행동을 전략적으로 계획한다 36
  유혹과 정면으로 마주해서는 안 된다 38

1-4 좋은 습관을 만들면 효율적으로 행동할 수 있다 40
  무의식적으로 하는 행동은 에너지 소비가 적다 41
  좋은 습관을 만들기 위한 노하우가 있다 42

1-5 좋은 습관은 '성격'까지 바꾼다! 45
  어떻게 하면 성격을 바꿀 수 있을까? 46
  행동을 습관화하면 그에 맞춰서 성격도 변한다 47

1-6 습관을 만드는 기술은 인생을 즐겁게 만든다 50
  행동을 습관화하여 반복하고 유지한다 50
  '열심히 하는 것'은 오랫동안 지속할 수 없기에 습관화한다 51

2장 '목적'과 '목표'의 차이와 역할

2-1 먼저 '목적'을 확인하자   58
- '왜 공부해야 하는지'에 대한 바른 대답   58
- 일부러 질문하는 이유는 납득하지 못했기 때문   60
- 공부의 목적이 없으면 자기 일로 열심히 할 수 없다   61
- 목적을 잘 설정하면 꾸준히 성장할 수 있다   62

2-2 '아이에게 '의욕'이 생기는 '3가지 요소'   65
- 먼저 선택권을 아이에게 주고 문제가 생기면 그때마다 고쳐준다   66
- 아이가 '해낸 일'에 대해 칭찬해주기   68
- 장벽이 너무 높은 목표를 세우지 않도록 주의한다   69

2-3 '목적'과 '목표'의 차이는?   72
- 목적은 '최종 종착지'이고 목표는 이를 위한 '점검 지점'이다   73
- 목적지가 멀 때는 도중에 목표가 없으면 도착하기 어렵다   73
- 미래의 자신을 가깝게 느끼면 자제력이 높아진다   75
- '합격할 것'으로 생각하고 '과거의 자신'을 돌아본다   76

2-4 '결과 목표'를 '행동 목표'에 반영시킨다   79
- 행동 목표는 '구체적'이고 '측정 가능'해야 한다   80
- 수치로 나타내는 행동 목표는 적절히 잘 도와줄 수 있다   81
- '해서는 안 되는' 목표보다 '하는' 목표가 더 효과적이다   83

2-5 '5가지 규칙'으로 목표를 세우면 성적이 오른다   85
- 관련성이 있다   85
- 기한을 정한다   87
- '이거라면 할 수 있다'라고 생각하는 내용으로 정한다   88

[컬럼] 자신감을 키우기 위해서는 누군가에게 조언해주자!   91

3장 '첫걸음'을 내딛는 비결

3-1 모든 습관의 첫걸음은 한 번뿐인 행동에서 시작된다   96

너무 큰 목표는 의욕을 잃게 한다	96
공부할 것을 나눠서 하나하나의 양을 줄인다	97
'집에 돌아오면 공부에 필요한 물건들을 가방에서 꺼내는 것'도 좋은 방법이다	99

3-2 의욕의 스위치가 켜지는 'if-then 플래닝' … 101
 공부를 '언제 할지' 정한다 … 102
 공부하는 '상황'도 구체적으로 정한다 … 102
 뇌가 망설임 없이 순조롭게 공부를 시작한다 … 103

3-3 다른 습관과 연결하여 '승리 패턴'을 만들다 … 106
 '기존의 습관'으로 자신이 원하는 '새로운 습관'을 만든다 … 106
 '몇 시'가 아니라 '○○한 후'의 타이밍을 붙잡는다 … 108

3-4 목적 달성의 방해가 되는 유혹과 싸우는 법 … 110
 유혹이 적은 환경으로 바꾸기 … 111
 유혹에서 '벗어날 수 없을 때'를 위한 대처법 마련하기 … 113

[컬럼] 게임과 이별하는 봉인식 … 116

4장 습관이 될 때까지 반복하는 비결

4-1 습관에도 '관성의 법칙'이 작용한다 … 120
 뇌의 '변하고 싶지 않은' 습성을 거스르기란 쉽지 않다 … 120
 2~3개월 계속하면 대부분 습관화할 수 있다 … 121

4-2 '그것을 해서 좋았어'라고 생각되면 또 하고 싶어진다 … 124
 '바로 얻어지는 즐거움과 가치'가 있으면 계속할 수 있다 … 125
 게임처럼 즐길 수 있는 '규칙'을 만들면 '성취감'을 얻을 수 있다 … 126
 성취감을 맛볼 수 있는 구체적인 규칙을 정한다 … 127

4-3 보상을 설정하여 '성취감'을 느끼게 한다 … 131
 '초등학생 이하의 아이에게는 '본인의 명예가 되는 것'이 효과적이다 … 132
 보상의 효과는 사람에 따라 다르므로 충분히 이야기를 나눈다 … 133
 자신의 의욕을 스스로 통제할 수 있도록 한다 … 135

4-4 행동과 결과의 연결이 보이면 의욕이 높아진다! … 137

  '내가 한 일'도 '왜 할 수 있었는지'를 확인한다   138
  자연스레 보상보다 자신의 성장이 기뻐진다   139
[컬럼] 즉각적 보상으로 아이들이 변화된 실사례   142

5장 습관화를 '가속화하는 것'과 '방해하는 것'

5-1 습관에도 '관성의 법칙'이 작용한다   146
  주 4회 이상 헬스장에 다니면 습관화하기 쉽다   147
  조금씩 매일 공부하면 습관화하기 쉽다   148
5-2 '내일 해야지'는 바보 같은 생각! 미루는 버릇은 습관화의 가장 큰 적이다   151
  우리는 미래에 대해 낙천적으로 생각하기 쉽다   152
  '매일 같은 행동하기'를 규칙으로 만든다   153
5-3 보상을 설정하여 '성취감'을 느끼게 한다   157
  우리는 성과를 내면 게으름 피우고 싶은 마음이 있다   158
  목표를 재확인하여 방심하지 않도록 한다   159
5-4 행동과 결과의 연결이 보이면 의욕이 높아진다!   162
  우리는 실패하면 '자포자기'할 때가 있다   162
  '실패한 자신을 용서하는 것'이 중요하다   164
  죄책감을 가진 사람을 비난하기보다 따뜻하게 격려한다   166
5-5 보상을 설정하여 '성취감'을 느끼게 한다   170
  '감사'나 '배려'의 감정이 자기 통제력을 높인다   170
  '감사한 일 적기'의 효과   171
5-6 행동과 결과의 연결이 보이면 의욕이 높아진다!   174
  혼자보다 팀으로 함께하면 1.5배 이상 헬스장에 다니게 된다   175
  인내해야 하는 일도 팀으로 하는 것이 성공률을 높인다   176
  함께 공부할 친구를 만든 아이는 공부 시간이 증가하였다   177
[컬럼] 최후의 장벽은 매너리즘의 타파   180

6장 우리 아이의 습관 만들기를 도와주는 부모의 마음가짐

6-1 목표가 멀리 있을수록 그 목표의 가치는 더 낮게 느껴진다   184
    지금 당장 1,000만 원을 받을 것인가? 5년 후에 2,000만 원을 받을 것인가?   185
    아이의 1년은 어른의 1년보다 더 길다   186

6-2 '보상으로 낚는 것'은 나쁜 것이 아니다   190
    보상에는 효과적인 사용법이 있다   191
    스스로 자신에게 보상을 주는 것이 최종목표이다   192

6-3 '소소한 보상 작전'이 습관화에 효과가 있다   196
    마음가짐 ① 보상은 영원히 줄 생각으로 한다   196
    마음가짐 ② 보상은 신속성이 중요하다   197
    마음가짐 ③ 보상은 빈도가 중요하다   198

6-4 부모가 아이의 '좋은 롤모델'이 되면 좋은 이유   201
    부모를 따라 하는 아이의 '습성'을 이용한다   201
    습관화의 어려움을 스스로 맛본다   203

6-5 부모의 '완벽주의'는 아이를 망쳐버린다   206
    사람은 완벽하게 행동할 수 없다   207
    먼저 부모가 완벽주의 성향을 버린다   208

6-6 '무슨 일이든지 바꿀 수 있다'라고 믿는 유연한 태도를 갖자   211
    가정환경이 좋지 않으면 포기할 것인가?   212
    부모 자신부터가 '무엇이든지 바꿀 수 있다'라고 믿는다   214

6-7 우리가 진심으로 그렇게 생각하는 것을 아이에게 전하자   217
    아이의 성장을 진심으로 기뻐하는 부모가 된다   218
    아이뿐만 아니라 자신도 변화한다   219

에필로그   223
참고문헌   227

1장
'성공하는 사람'의 공통된 특징은 무엇인가?

'우리 아이가 행복한 삶을 살았으면 좋겠어요. 그리고 사회적으로도 성공하면 좋겠네요….' 아마도 모든 부모의 마음은 같을 것입니다. 여러분도 그렇지 않으신가요? 1장에서는 '성공하는 사람'의 공통적인 특징에 관한 과학적인 연구를 소개하고, 우리 아이를 장래에 성공하는 사람으로 키우기 위한 비법을 알려드리겠습니다.

POINT 1-1 성공을 결정하는 것은 재능일까? 노력일까?

'우리 아이가 행복한 삶을 살았으면 좋겠어요. 그리고 사회적으로도 성공하면 좋겠네요.'

부모라면 누구나 이러한 마음을 갖고 있을 것입니다. 이 책을 읽고 있는 여러분도 분명 같은 마음이겠지요?

아이를 성공으로 이끌기 위해서는 어떤 사람이 성공하는지를 아는 것이 중요합니다. 그러면 먼저 '성공하는 사람'의 특징을 과학적 연구를 바탕으로 알아봅시다.

많은 사람들이 성공하는 사람은 '분명 각고의 노력과 많은 고생 끝에 어려움을 이겨내고 성공했다'라고 생각합니다.

반면 '성공하는 것은 타고난 재능을 가진 극소수의 사람으로 성공은 태어날 때부터 이미 결정 났다'라고 생각하는 사람도 많습니다.

과연 어느 쪽의 생각이 옳은 것일까요?

'1만 시간의 법칙(어떤 분야의 전문가가 되기 위해서는 최소 1만 시간의 노력이 필요하다는 법칙)'으로 유명한 미국 플로리다주립대학교의 심리학자 안데르스 에릭슨(K. Anders Ericsson) 교수는 전문성 분야의 연구에 있어서 최고의 권위자입니다.

그는 음악, 발레, 체스, 스포츠 등의 분야에서 '전문가가 뛰어난 능력을 획득하는 방법'을 연구했습니다.

그 결과 '최고가 되기 위해서는 재능보다 탁월한 노력이 필요하다(예외적으로 재능이 중요한 경우는 적합한 체격이 필요한 운동선수들이다)'라고 주장했습니다.

예를 들어 한국의 프로바둑기사를 대상으로 한 두 개의 연구에서 그들의 IQ(지능지수) 평균은 약 93으로 일반인(IQ는 100)보다 오히려 낮은 수치의 결과를 보였습니다.

바둑이나 체스 등은 입문자 레벨의 상태에서는 IQ가 높은 편이 빠르게 실력의 향상을 보이지만, 경험을 많이 쌓을수록 IQ의 높이와 실력에는 상관관계가 없다고 합니다.

그리고 결국에 뛰어난 실력을 갖추는 사람은 IQ가 높은 사람이 아니라 훈련을 많이 한 사람입니다.

시험의 승자는 '노력'으로 만들어진 것이 아니라고 생각하는 아이도 많다

이것은 중학 입시나 고등입시도 마찬가지입니다.

물론 중학 입시의 세계에서는 재능이 있는 아이가 유명한 학교에 합격하는 듯이 보입니다.

하지만 그 아이가 어떠한 노력도 하지 않은 채 뛰어난 능력을 갖추게 된 것은 아닙니다.

성적이 우수한 아이들에게 물어보면 그들은 어렸을 때부터 퀴즈, 퍼즐, 독서 등과 같이 두뇌를 사용하면서 노는 것을 좋아하였다고 합니다. 그로 인하여 자연스럽게 능력을 키우게 되었거나, 어린이 교실이나 피아노, 수영 등을 배우면서 능력을 습득하게 되는 등 분명한 이유가 존재합니다.

이러한 경우는 아이 자신도 '노력했다'라는 의식이 거의 없기에 타고난 재능처럼 보일 수도 있습니다.

하지만 이처럼 뛰어난 능력을 갖추게 된 배경에는 그것을 얻기 위한 훈련이 반드시 존재합니다.

게다가 '하나를 듣고 열을 안다'라는 속담처럼, 총명한 아이는 같은 것을 학습해도 더 많은 것을 깨닫고 깊게 이해하며 습득합니다.

뛰어난 능력으로 습득력이 높아지고 그 후의 노력에 대한 성과도 커집니다.

이것은 한 아이의 성장 과정에서도 마찬가지입니다. 아이는 나이를 한 살 한 살 먹으면서 능력을 향상하고, 그에 따라 습득할 수 있는 것도 많아집니다.

예를 들어 초등학생부터 고등학생에 이르기까지 학교에서 배우는 수학을 생각해봅시다.

초등학교 1학년 때는 보통 1년간 더하기 · 빼기 그리고 시계 보는 방법 등을 배웁니다.

그리고 초등학교 4학년이 되면 '각도', '사칙 연산', '평면도형의 이동', '막대그래프', '규칙 찾기', ' 분수나 소수의 덧셈과 뺄셈' 등 다양한 응용 연산을 학습합니다. 그리고 삼각형이나 사각형, 다각형 등의 도형 특징을 배우기 시작합니다.

성적이 우수한 아이는 그 능력을 습득하는 과정에서 특정한 훈련을 하는 경우가 많다

1장 | '성공하는 사람'의 공통된 특징은 무엇인가?　25

고등학교 2학년 때는 '지수함수와 로그함수', '삼각함수', '수열', '함수의 극한과 연속', '미분', '적분' 등을 배웁니다.

1년 동안 배우고 익혀야 할 내용이 점점 늘어나지요.

능력이 향상되면서 성장이 점점 빨라지는 것을 볼 수 있습니다.

어떻게 하면 노력하는 아이로 키울 수 있을까?

정리하면 다음과 같습니다.

재능 × 노력 = 능력

능력 × 노력 = 성과(성적)

→ 재능 × 노력 × 노력 = 성과(성적)

성과에 더 큰 영향을 미치는 것은 재능이 아니라 노력입니다.

재능은 단지 출발선이 다른 사람보다 조금 앞에 있을 뿐입니다.

운동회 때 단거리 달리기의 출발선이 각기 다르다면 순위에 미치는 영향은 매우 클 것입니다. 그러나 마라톤과 같은 장거리 달리기라면 출발선의 차이에 따른 영향은 그다지 크지 않을 것입니다.

입시의 승패도 마찬가지입니다. 중학 입시에서 대학 입시로 갈수록 차곡차곡 쌓아온 노력이 결과를 좌우합니다. 더욱이 사회적으로 성공할 수 있을지는 '노력 여하에 따라 결정된다'라고 해도 과언이 아닐 것입니다.

미래에 자녀가 성공하기를 바란다면, 노력하는 아이로 키우는 것을 최우선으로 해봅시다.

그러면 노력하는 아이는 도대체 어떤 아이일까요?

핵심포인트

☐ 재능은 단지 출발선이 조금 앞에 있는 정도에 불과하다

☐ 장기적으로 본다면 재능보다도 노력이 성과에 큰 영향을 미친다

☐ 부모가 고민해야 할 것은 어떻게 하면 노력하는 아이로 키울 수 있는지다

POINT **1-2** '마시멜로 실험'은
인생의 성공을 예측한다

　노력하는 아이야말로 장기적으로 봤을 때 성적이 우수한 아이로 성장하며 장래에도 성공할 가능성이 크다는 것을 알았습니다. 그러면 노력하는 아이는 어떤 아이일까요? 노력하는 아이는 '인내력이 강한 아이'입니다. 즉 '자기 통제력이 높은 아이'라고 할 수 있지요.
　이것을 쉽게 이해할 수 있는 유명한 실험을 한 가지 소개합니다. 이 실험은 미국 스탠퍼드대학교의 심리학자 월터 미셸(Walter Mischel)이 약 4세의 아동을 대상으로 한 '마시멜로 실험(Stanford marshmallow experiment)'입니다.

　① 실험참가자인 아동을 실험에 집중할 수 있도록 꾸며진 책상과 의자만 놓인 방으로 안내하고 의자에 앉게 하였다. 책상에는

접시가 놓여 있고 그 위에는 마시멜로, 쿠키, 프레젤 등과 같이 아동이 좋아하는 과자가 한 개 놓여 있었다.

② 실험자는 '난 잠시 일이 있어서 나갔다 올 거야. 그 과자는 너에게 줄게. 그런데 내가 돌아올 때까지 15분 동안 먹지 않고 기다려준다면 하나를 더 줄게. 하지만 내가 없는 동안에 그 과자를 먹어 버린다면 더는 과자를 주지 않을 거야.'라고 말한 뒤에 방을 나갔다.

이때 아이들은 과자를 한 개 더 받기 위해서 지금 바로 과자를 먹고 싶은 유혹과 싸우게 됩니다. 과연 아이들은 이 유혹을 뿌리칠 수 있을까요?

마시멜로 실험에서 유혹을 이기고 과자를 한 개 더 받은 아이는 3명 중에서 1명 정도였습니다.

자기 통제력이 높은 아이일수록 성공할 확률이 높다

원래 마시멜로 실험의 목적은 유아기 아동의 자기 통제력 발달을 알아보는 것이었습니다. 하지만 추적조사에서 눈앞의 유혹을 참아낸 자기 통제력이 강한 아이일수록 우수한 성적으로 학창 시절을 보냈으며, 성인이 되어서도 사회적으로 성공하는 경향이 있다는 사실을 발견하였습니다.

이 외에도 자기 통제력이 장래의 성공과 연결된다는 연구 결과가 있습니다.

미국 듀크대학교의 심리학자 테리 모핏(Terrie E. Moffitt) 교수와 연구팀이 뉴질랜드에서 실시한 연구에서는 아동의 자기 통제력을 마시멜로 실험이 아닌 부모나 보육교사 등의 평가로 측정하였습니다. 그리고 실험에 참여한 아동을 장기적으로 추적하여 32세 때의 사회적 지위, 수입, 건강 상태, 범죄 이력 등을 조사했습니다.

그 결과 유아기에 자기 통제력이 강한 아이는 성인이 되었을 때, 연봉이나 사회적 지위가 높았으며 자기 집을 소유할 확률이 높았습니다. 또한 순환기계 질환이나 호흡기계 질환 등의 위험이 낮았으며 비만도 아니었다고 합니다.

마시멜로 실험에서 유혹에 넘어가지 않은 아이는 성인이 되어서도 사회적으로 성공한 경우가 많았다

또한 그릿 Grit의 저자로 유명한 심리학자 앤절라 더크워스(Angela Lee Duckworth)가 실시한 연구에도 유사한 결과가 있습니다.

더크워스는 중학교 2학년을 대상으로 IQ와 자기 통제력을 조사하여 상급 학력의 지표에서 어느 쪽이 더 큰 영향을 미치는지를 분석했습니다.

그 결과 높은 IQ와 강한 자기 통제력 모두 상급 학력에 영향을 미쳤습니다. 하지만 자기 통제력이 IQ보다 더 큰 영향을 미친 것으로 밝혀졌습니다.

인생의 성공에서 특히 중요한 것은 '성실함'이다

더욱이 노벨 경제학상을 수상한 제임스 헤크먼(James J. Heckman)의 연구에서도 유사한 결과를 볼 수 있었는데, 인생의 성공에는 IQ보다 성격이 훨씬 더 중요하다는 사실을 알 수 있었습니다.

이 연구는 수만 명의 아동을 대상으로 유아기의 IQ와 성격 그리고 그 후의 수입과 건강 상태 등을 수십 년에 걸쳐 기록하고 분석했습니다.

성적, 수입, 몸의 건강 상태, 정신 건강 상태 등의 다양한 항목에서 성격의 영향이 매우 컸습니다. 그중에서도 영향이 큰 성격의 특성은 '성실함'으로 이것은 자기 통제력과 거의 유사한 성격입니다.

이처럼 자기 통제력은 학력이나 건강 상태, 사회적 성공, 원만한 인간관계의 형성 등과 관련되어 있다는 것이 나타났습니다.

눈앞의 텔레비전이나 게임의 유혹 등을 참아내고 공부에 집중하는 아이는 당연히 성적이 오를 수밖에 없습니다. 또한 앞에 놓인 맛있는 음식이나 술을 참고 건강한 식습관을 가지는 사람은 당연히 건강하겠지요.

그러면 아이의 자기 통제력을 키우기 위해서는 어떻게 해야 할까요? 태어날 때부터 인내력이 부족한 아이라면 어떻게 하면 좋을까요?

IQ<성격. 특히 성실할수록 사회적으로 성공할 확률이 높다

핵심포인트

- [ ] 마시멜로 실험에서 유혹을 이긴 아이는 3명 중에서 1명이다
- [ ] 인내력이 강한 아이일수록 장래에 성적이 우수할 확률이 높다
- [ ] 인생의 성공에서 중요한 것은 '성실함'이다

POINT 1-3 '마시멜로 실험'에 성공한 아이는 어떻게 성공했을까?

인내력이 강한 아이는 성적이 우수할 가능성이 크다는 것을 알았습니다. 여러분의 자녀는 어떤가요? 인내력이 강한 아이인가요? 안타깝지만 인내력이 강한 아이는 그다지 많지 않습니다.

이렇게 말하는 저 역시 참는 일에는 전혀 자신이 없습니다. 결혼한 후에는 조금 나아졌지만 결혼 전에는 술의 유혹에 넘어지기 일쑤였고 과음하는 일이 많았습니다.

'인내력이 약하면 인생에서 성공할 수 없다'라고 한다면 제 인생은 이미 끝났을 것입니다. 이거 참 큰일이네요.

그러나 인내력이 뛰어난 사람은 극히 일부분에 불과합니다. 따라서 여러분의 자녀나 여러분도 분명 저처럼 유혹과의 싸움에서 꽤 고생하고 있을 것입니다.

그럼 우리처럼 보통의 아이나 사람은 어떻게 하면 좋을까요?

인내력이 강하지 않은 보통의 아이는 행동을 전략적으로 계획한다
지금부터 그 방법을 소개합니다.

> 스텝① 전략적으로 행동 계획을 미리 정해 놓는다
> 스텝② 바른 행동을 습관화한다
> 스텝③ 습관을 성격에 반영한다

스텝①의 '전략적으로 행동 계획을 미리 정하는 것'만으로도 충분히 효과는 있지만, 스텝②와 스텝③을 함께 실행하면 더욱 큰 효과를 얻을 수 있습니다.

1-2에서 이야기한 '인내력이 강한 성격의 사람일수록 눈앞의 유혹을 잘 이겨낸다'라는 말을 거스르는 듯하지만, 그것은 어디까지나 장기적으로 봤을 때의 이야기입니다.

물론 인내력이 강한 아이가 그렇지 않은 아이보다 유혹을 이길 가능성이 큽니다.

그러나 단기적으로 보면 성격이 다음 행동에 미치는 영향은 매우 작습니다. 이것은 의지가 강한 사람일지라도 과식하게 되거나 온순한 성격을 지닌 사람이라도 화를 내는 등의 모습을 생각해보면 알기 쉽지 않나요?

즉 지금의 행동에 더욱 큰 영향을 주는 것은 성격보다도 그 당시의 상황과 환경입니다.

예를 들어 봅시다. 앞에서 이야기한 마시멜로 실험의 경우 성공한 아이의 대부분은 마시멜로가 아닌 다른 것에 집중하여 마음을 딴 데로 돌리려 하였습니다. 그러나 마시멜로에 집중한 아이의 대부분은 실패하고 말았지요.

마시멜로의 유혹과 정면으로 마주치게 되는 상황이 된다면 그때부터 유혹을 이길 가능성은 매우 희박해집니다.

마시멜로 실험에서 성공한 아이의 대부분은 '마시멜로를 먹고 싶다'라는 유혹과 직접 마주하지 않기 위해 관심을 다른 곳으로 돌렸다

유혹과 정면으로 마주해서는 안 된다

유혹을 이기기 위해서는 '마시멜로를 멀리 두기', '보이지 않는 곳에 숨기기', '노래를 부르며 주의를 돌리기' 등의 처음부터 마시멜로의 유혹과 마주하지 않는 전략을 세우면 됩니다.

이것은 마시멜로 실험뿐만이 아니라 다른 모든 부분에서도 효과적입니다.

바른 행동을 선택할 수 있도록 '전략적인 행동 계획'을 미리 준비합시다. 자세한 내용은 3장에서 설명하겠습니다.

미리 '이러한 상황에 부딪히면 이렇게 행동해야지'라는 자신만의 규칙을 정하거나 유혹이 많은 환경에서 멀어지면 참을성이 부족한 아이라도 바른 행동을 선택할 확률이 쑥 올라갑니다.

그리고 그것을 반복해서 하다 보면 목표를 달성할 수 있는 확률 또한 크게 오르겠지요. 좋은 성과를 얻을수록 아이는 공부가 점점 재미있어질 것입니다.

꼭 오늘부터 시작해봅시다!

〈핵심 포인트〉

☐ 지금의 행동에 큰 영향을 주는 것은 성격보다도 그 당시의 상황과 환경이다

☐ 유혹과 정면으로 마주치지 않도록 한다

☐ 전략적으로 행동 계획을 미리 정해 놓는다

POINT **1-4** 좋은 습관을 만들면
효율적으로 행동할 수 있다

'전략적인 행동 계획'으로 지금의 행동을 통제할 수 있게 되었다면, 다음 스텝으로 바른 행동의 습관화가 이루어져야 합니다.

여러분에게는 어떤 습관이 있나요?

좋은 습관, 나쁜 습관 등 다양할 것입니다. 함께 생각해볼까요?

잠자기 전에 양치질과 세수를 하는 등의 이러한 작은 행동은 건강과 연결되는 좋은 습관입니다.

반면에 누구에게나 있을법한 나쁜 습관으로는 잠들기 전에 핸드폰을 보거나 수시로 과자를 먹는 등의 행동이 있습니다. 가슴이 한구석이 뜨끔하지 않나요?

우리는 좋지도 나쁘지도 않은 습관 또한 많이 가지고 있습니다. 바지를 입을 때 오른쪽부터 입나요? 왼쪽부터 입나요? 신발은 어떻게 신나요? 일일이 '오늘은 오른쪽 다리부터'라고 생각하지 않은 채 대개 무의식적으로 같은 쪽부터 입거나 신습니다.

사실 사람의 행동은 90% 이상이 무의식적인 습관으로 움직인다고 합니다.

무의식적으로 하는 행동은 에너지 소비가 적다

왜 사람은 이렇게나 무의식적인 행동이 많은 것일까요?

이것은 우리의 뇌가 매우 우수하여 가능한 불필요한 에너지를 사용하지 않도록 하기 때문입니다. 매일 반복적인 행동을 곰곰이 생각하고 선택하는 것은 큰 에너지를 소비하게 합니다. 그러므로 우리는 평소에 되도록 아무 생각 없이 무의식적인 습관으로 움직이게 되는 것입니다.

'습관의 힘'은 매우 강력합니다. 만약 바른 행동을 습관으로 만들면 우리는 그것을 편하게 반복하고 유지할 수 있습니다.

'바지는 오른쪽 다리부터 입는다'와 마찬가지로 '학원에서 돌아오면 먼저 그날 배운 내용을 복습한다'라는 습관이 몸에 배도록 하면 어떨까요? 아마도 '학원이 끝나고 집에 오면 먼저 게임을 한다'보다는 훨씬 성적이 오를 것 같네요.

그러면 어떻게 해야 바른 행동을 습관으로 만들 수 있을까요?

바로 그것이 이 책의 주제입니다.

좋은 습관을 만들기 위한 노하우가 있다

  습관은 행동의 반복으로 만들어집니다. 행동의 반복을 통해 습관이 만들어지고 습관에 의해 행동은 반복됩니다. 이처럼 행동과 습관은 서로 밀접한 관계를 맺고 있습니다. 그러나 하나하나의 행동은 눈앞의 유혹에 빠지기 쉽습니다. 그래서 나쁜 습관이 우리 몸에 고착되기가 더 쉽고 그것을 바꾸기란 쉽지 않습니다.

  이때 중요한 것이 '습관화의 기술'입니다. 미국 시카고대학교의 케이틀린 울리(Kaitlin Woolley)과 아옐렛 피시바흐(Ayelet Fishbach)의 최근 연구에서는 좋은 습관을 잘 만드는 사람과 그렇지 않은 사람에게는 특징이 있다고 하였습니다.

무의식적인 행동은 뇌의 결정이 필요 없으므로 에너지 소비가 적어서 효율적이다

이 연구에 의하면 인내력이 강한 사람이라도 지속적인 습관 만들기는 실패하기 쉽다고 합니다.

　그렇다면 좋은 습관을 잘 만드는 사람은 어떻게 한 걸까요?

　이것에 대해 3장에서 구체적으로 이야기하겠습니다.

　'전략적인 행동 계획'을 사용하여 하나하나의 행동을 바른 행동으로 바꿀 수 있게 되었다면 이제는 그 행동을 '습관화의 기술'로 몸에 배도록 합시다.

핵심 포인트

☐ 사람의 행동은 90% 이상이 무의식적인 습관이다

☐ 바른 행동을 습관화한다면 편하게 반복과 유지할 수 있다

☐ 지속적인 습관 만들기는 고난도 기술이다

POINT 1-5 좋은 습관은 '성격'까지 바꾼다!

바른 행동을 습관화했다면 마지막 스텝은 성격을 바꾸는 것입니다.

'성격을 바꾼다'— 과연 이것이 가능할까요?

저의 대답은 '예스'입니다.

물론 사람의 성격은 잘 변하지 않습니다. 본래 성격의 절반 정도는 유전적인 특성에 의해 결정된다는 사실도 잘 알고 있습니다.

하지만 그 말을 바꿔보면 절반은 후천적으로 결정된다는 의미가 됩니다.

'세 살 버릇 여든까지 간다'라는 속담도 있지만, 실제로 유소년기에 형성된 성격이 평생 유지되지 않습니다.

미국의 일리노이대학교의 브렌트 로버츠(Brent W. Roberts) 박사와 연구팀은 시간이 지나면서 사람의 성격이 변화한다는 사실을 발견했습니다. 나이가 어릴수록 성격의 변화가 쉬웠으며, 비록 고령자일지라도 성격이 변하는 경우가 있었습니다.

따라서 '성격은 본인의 노력에 따라 바뀔 수 있으며, 아이의 경우는 더 바꾸기 쉽다'라고 합니다.

이번 기회에 자신이 원하는 성격으로 바꾸고 싶지 않습니까?

어떻게 하면 성격을 바꿀 수 있을까?

실제로 성격을 바꾸기 위해서는 어떻게 하면 좋을까요?

그 방법은 자신이 원하는 성격에 맞추어 습관을 만드는 것입니다.

'처음에는 사람이 습관을 만들고 그 후에는 습관이 사람을 만든다'
'습관은 제2의 천성이다'
'습관이 본성이 된다'

동서양을 막론하고 비슷한 속담은 예전부터 전해져 왔습니다. 이러한 속담이 실험을 통해 사실로 증명되는 연구가 있습니다.

미국 일리노이대학교의 네이선 허드슨(Nathan W. Hudson) 박사의 연구팀은 학생들을 대상으로 16주간 실험하였습니다. 실험을 시작하기에 앞서 성격 테스트를 시행하였고, 16주가 지난 후에 다시 성격 테스트를 하였습니다. 그 결과 '성격을 바꾸고 싶다'라고 생각하는 실험참가자일수록 성격에 변화가 나타났습니다.

게다가 '전략적인 행동 계획'과 같은 행동을 바꾸는 방법을 병행하면 원하는 행동을 할 확률이 한층 높아져 그에 따른 성격의 변화도 커졌습니다.

즉 행동으로 성격을 바꿀 수 있습니다.

행동을 습관화하면 그에 맞춰서 성격도 변한다

앞서 이야기했듯이, 인내력이 약하고 꾸준히 하는 것이 어려운 성격의 아이도 전략적인 행동 계획을 통해 원하는 행동을 할 수 있습니다. 그리고 그 행동을 습관화하여 계속 유지한다면 성격도 그에 맞춰 변화하게 될 것입니다.

성격은 자신의 노력으로 바꿀 수 있다. '원하는 성격에 어울리는 행동'을 반복해서 습관화한다면 언젠가는 자신이 '원하는 성격'을 가진 사람이 될 것이다

꾸준히 공부할 수 있는 '인내력이 강한 성격'뿐만이 아니라 누구와도 좋은 관계를 맺을 수 있는 '사교적인 성격'이나 다양한 것에 관심이 많은 '호기심이 왕성한 성격' 등 그 성격에 어울리는 행동을 반복하게 되면 자신이 원하는 성격이 될 수 있습니다.

습관화의 기술을 사용하여 자녀와 자신의 성격을 바꿔봅시다.

핵심 포인트

☐ 성격의 절반은 후천적으로 결정된다

☐ 원하는 성격에 어울리는 습관을 만든다

☐ 성격은 행동으로 바꿀 수 있다

POINT **1-6** 습관을 만드는 기술은
인생을 즐겁게 만든다

'전략적인 행동 계획'과 '습관화의 기술'에 큰 힘이 있다는 것, 잘 이해하셨나요? 인생의 성공을 결정하는 것은 '좋은 머리'가 아닌 '노력을 거듭하는 것'입니다.

단지 노력을 쌓는 능력에 불과한 '강한 인내력'도 타고난 성격이며 재능이라고 생각한다면, 아이가 장래에 성공할지 실패할지는 태어날 때부터 이미 정해져 있는 것이나 다름없을 것입니다.

하지만 그렇지 않습니다.

행동을 습관화하여 반복하고 유지한다

자기 행동은 '기술'로 조절할 수 있습니다. 반드시 성격에 휘둘리는 것은 아닙니다. 그리고 하나하나의 행동을 습관화하여 반복하고 유지하는 것도 '기술'로 할 수 있습니다.

게다가 행동의 반복과 유지에 의해 선천적으로 타고난 성격을 나중에 자신이 원하는 성격으로 바꿀 수도 있습니다.

성격이 바뀌면 행동 계획을 정하지 않은 상황에서 무의식적으로 선택하는 행동도 바뀝니다. 모든 상황에서 자연스럽게 선택하는 당연한 행동이 바른 행동이 되면 공부든 일이든 혹은 자신의 건강관리나 주변의 인간관계에서든 모든 일이 순조로울 것입니다.

무슨 일이든지 잘 풀린다면 우리의 삶은 즐거울 것입니다.

여러분의 자녀에게 그러한 삶을 선물로 주고 싶지 않나요?

만약 그렇다면 2장에서부터 소개하는 비법을 꼭 아이들에게 알려 주세요.

'열심히 하는 것'은 오랫동안 지속할 수 없기에 습관화한다

매우 중요하고 중심이 되는 비법이 '습관화의 기술'입니다.

단기적인 행동은 '전략적인 행동 계획'으로 통제할 수 있습니다. 그러나 그것은 일시적인 효과에 불과합니다. '열심히 한다'라는 것은 '보통이 아니다'라는 의미가 숨겨져 있습니다. 즉 장기적으로 유지할 수 없습니다.

예를 들어 시험 보기 1~2주 전에 벼락치기로 열심히 공부한 아이가 오래전부터 자연스럽게 공부해 온 아이를 이길 수 있을까요? 물론 불가능합니다. 좋은 성적을 받는 것은 자연스럽게 공부해 온 아이입니다.

이것은 모든 일에 있어서 마찬가지입니다.

여름이 다가오기 한두 달 전부터 바짝 다이어트를 한 사람과 장기간 자연스럽게 식이요법과 운동으로 관리해 온 사람을 비교해도 결과는 마찬가지입니다. 결국 승자는 '자연스러운 습관'이 몸에 밴 사람입니다. 따라서 '전략적인 행동 계획'보다 '습관화의 기술'이 더욱 중요합니다.

또한 성격이 언제부터 얼마나 바뀌게 될지, 그로 인하여 그 후의 행동이 어떻게 변화할지 등은 의식적으로 통제할 수 없습니다. 그저 '언젠가는 그렇게 될 거야'라고 말할 뿐입니다.

열심히 하는 것은 중요하지만, 열심히 하는 것에만 의존하게 된다면 장기전에서는 실패할 수 있다. 습관화하여 몸의 에너지를 모으고 저절로 공부할 수 있도록 한다

그러나 습관은 의식적으로 통제할 수 있습니다. 그러므로 성격의 변화는 습관화의 상으로 생각하고 습관화에 의식을 집중하는 것이 좋습니다.

오늘부터 습관화 만들기의 첫걸음을 걸어보시기를 바랍니다.

핵심 포인트

☐ 행동을 습관화한다

☐ 습관화한 행동은 성격까지 바꾼다

☐ 성격의 변화는 습관화가 주는 상이다

2장
'목적'과 '목표'의 차이와 역할

이 장에서는 공부 습관을 기르기 위한 전 단계로 목적과 목표의 차이와 역할을 이야기합니다. '자신이 이루고 싶은 이상적인 상태'와 '공부'가 연결되지 않으면 공부를 자기 일로 받아들이지 않게 되므로 의욕은 생기지 않습니다. 목적과 목표 그리고 현재의 위치를 제대로 파악하여 아이의 의욕을 끌어내 봅시다!

POINT **2-1** 먼저 '목적'을 확인하자

자, 그러면 습관화를 향해서 가 볼까요?

가장 먼저 해야 할 일은 '목적'을 확인하는 것입니다. 목적이 없으면 습관화를 위한 첫걸음조차 내디딜 수 없습니다. 우선 분명하게 '이렇게 되고 싶다', '이것을 하고 싶어'라는 생각을 가져야 합니다.

그러면 함께 생각해봅시다. 여러분의 자녀는 공부하는 목적이 있나요?

'왜 공부해야 하는지'에 대한 바른 대답

여기서 주의해야 할 점은 '성적을 올리기 위해서'나 '장래를 위해서'는 목적이 될 수 없다는 것입니다.

전형적으로 목적의식이 없는 아이는 이런 말을 자주 합니다.

"왜 공부해야 해?"

여러분도 자녀에게 이런 질문을 받은 적이 있지요?

이때 부모가 공부하면 얻을 수 있는 효과로 '성적이 오른단다', '너의 미래를 위해서지'라고 말해줘도 아이들 대부분은 순순히 받아들이지 않습니다.

아이들의 이러한 행동에는 두 가지 이유가 있습니다.

첫째는 아이의 기분이 '단지 불만을 말하고 싶은 것뿐'이었기 때문입니다. 아이는 진심으로 공부를 왜 해야 하는지를 알고 싶은 것이 아닙니다. 이뿐만 아니라 아이의 '왜?'라는 질문의 절반은 단지 불만을 표출하기 위한 행위일 뿐입니다.

"밥맛이 없어지니깐 식사 전에는 과자를 먹으면 안 돼"

"뭐? 왜?!"

이러한 경우도 '단지 불만'을 표출한 전형적인 예입니다. 어쨌든 부모는 '안 돼'라고 말하기 전에 이유를 설명했으니까요. 아이의 '불만스러운 기분'은 아무리 논리적이고 이치에 맞는 말을 해도 쉽게 바뀌지 않습니다.

둘째는 '왜?'라고 묻고 있지만 아이는 '그 이유를 이미 알고 있기' 때문입니다.

공부하면 좋은 성적을 받을 수 있습니다. 또한 성적이 우수하면 좋은 중고등학교, 명문대학교, 유명한 회사에도 다닐 수 있을 것이고, 그러면 장래에 할 수 있는 일의 선택지가 늘어나거나 높은 연봉을 받을 것입니다.

이 모든 것을 아이 또한 잘 알고 있습니다. 아이의 마음이 불만으로 가득 찼을 때가 아니라 평온할 때 물어보면 자신이 왜 공부해야 하는지를 스스로 이야기할 수 있습니다.

그래서 이미 아는 사실을 다시 부모나 선생님이 말해줘도 아무 소용이 없는 것입니다.

일부러 질문하는 이유는 납득하지 못했기 때문

아이가 이유를 알면서도 왜 공부해야 하는지 불만을 느끼는 것은 그 이유를 알고는 있지만, 이해하고 받아들이지 못했기 때문입니다. 그리고 공부해야 하는 이유가 자기의 일로 받아들여지지 않았기 때문이지요.

다음의 상황을 상상해 봅시다.

술과 담배를 끊지 못해 해를 거듭하면서 내장 지방형 비만이 된 사람이 있습니다. 해마다 건강검진을 받으면 의사에게 "술과 담배는 꼭 끊으세요. 그리고 이제 운동도 시작해서 체중도 줄여야 합니다. 이대로라면 생활습관병에 걸리게 될 것입니다."라고 꾸중을 듣습니다. 하지만 좀처럼 생활 습관을 바꾸기란 쉽지 않습니다.

"술과 담배를 끊고 살을 빼면 건강해지겠지. 그런데 건강해진다고 해서 뭐가 달라지나? 좋아하는 것을 참아가면서 오래 산다고 해도 결국 지루한 인생이 더 길어질 뿐이야. 차라리 좋아하는 것을 즐기다가 일찍 죽는 편이 더 좋지 않을까?!"

아마도 이렇게 말하는 사람이 세상에는 많이 있을 것입니다. 이러한 상황이 본인도 '알고는 있지만 납득할 수 없는 상황'입니다.

공부의 목적이 없으면 자기 일로 열심히 할 수 없다

목적은 '자신이 이루고 싶은 이상적인 상태'라고 할 수 있습니다.

'성적이 좋았으면 좋겠다'라고 생각한 아이에게는 '좋은 성적을 받는 것' 자체가 목적이 됩니다.

또한 '명문 중·고등학교에 입학하는 것'이 '이루고 싶은 이상'이라면 '좋은 성적'은 그것을 이루기 위한 수단이며 통과 지점이 됩니다. 나아가서 '장래에 의사가 되는 것'이 '이루고 싶은 이상'이라면 의대 합격자를 많이 배출한 '○○중학교나 ○○고등학교에 입학하는 것' 역시 의사가 되기 위한 수단이며 통과 지점이 되겠지요.

반면에 지적 호기심으로 가득하여 '공부가 재미있어'라고 생각하는 아이는 공부 자체가 목적이 됩니다. 그러한 아이에게 '좋은 성적'은 목적 끝에 얻게 되는 부수적인 결과에 지나지 않습니다.

이 중에 무엇이 좋고 나쁘다고는 말할 수 없지만, 어느 쪽이든 '자신이 이루고 싶은 이상적인 상태'와 '공부하는 행동'이 연결되어야만 합니다.

공부가 자신의 이상과 연결되지 않으면 그 일이 자기의 일로 여겨지지 않게 되므로 첫걸음을 내디딜 마음조차 생기지 않습니다.

그러므로 우선은 여러분의 자녀에게 목적의식을 갖게 하는 것부터 시작해봅시다.

목적을 잘 설정하면 꾸준히 성장할 수 있다

지금까지 제가 가르친 아이 중에서도 'ㅇㅇ중학교에 가고 싶다 혹은 ㅇㅇ고등학교에 가고 싶다'라는 뚜렷한 목적이 생긴 후 공부에 대한 집중력이 좋아진 아이가 몇 명이나 있습니다.

제가 운영하는 학원에 다니는 아이 중에는 부모나 선생님이 시킨 것도 아닌데 수업이 없는 날에도 학원에 나와서 그저 공부에 열중하는 아이도 있습니다.

공부하는 목적＝자신이 이루고 싶은 이상적인 상태가 분명하면 공부가 자기의 일로 여겨져 집중력이 오른다

여러분의 자녀 역시 그렇게 바뀔 수 있습니다. "하지만 그렇게 이야기하셔도 어떻게 해야 아이에게 목적의식을 심어 줄 수 있는지 잘 모르겠어요…."

이렇게 고민하는 분이 있을지도 모르겠네요.

그래서 2-2에서는 그런 분을 위하여 아이에게 목적의식을 심어주기 위한 힌트를 이야기하려고 합니다.

핵심 포인트

☐ 아이의 불만에 아무리 논리적으로 말해도 아이는 납득하지 않는다

☐ 공부하는 '목적'을 확인한다

☐ '목적'은 아이가 '이루고 싶은 이상적인 상태'이다

POINT 2-2 아이에게 '의욕'이 생기는 '3가지 요소'

자신의 마음속에서 생기는 의욕을 '내재적 동기(Intrinsic Motivation)'라고 합니다. 내재적 동기를 높이려면 '①자율성', '②관계성', '③유능성', 이 3가지 요소가 중요합니다. 각 요소를 간단하게 정리하면 다음과 같습니다.

> ①자율성 = 스스로 선택할 것
> ②관계성 = 주변의 인간관계가 잘 형성되어 있는 것
> ③유능성 = 할 수 있다고 생각하는 것

이러한 요소들이 하나, 둘 채워질수록 무언가를 하고자 하는 욕구가 생겨나고 모두 충족되면 의욕이 매우 높아집니다. 그러면 이 3가

지 요소를 충족하기 위해 우리는 무엇을 하면 좋을까요?

먼저 선택권을 아이에게 주고 문제가 생기면 그때마다 고쳐준다

먼저 자율성 감각을 채우기 위해서는 공부에 대한 모든 선택을 가능한 한 아이가 결정하게 합니다. '몇 시부터 공부를 시작할 것인지', '어떤 과목부터 할 것인지', '어떤 식으로 공부할 것인지' 등을 아이들 스스로 선택하게 합시다.

'공책에 쓰렴', '풀이 과정을 써야지', '글씨는 또박또박 써야 해' 등의 지시나 명령으로 말할수록 공부가 점점 재미없게 느껴질 것입니다. 예를 들어 '수학 문제는 풀이 과정을 쓰면 좋아'라고 조언하고 싶습니다.

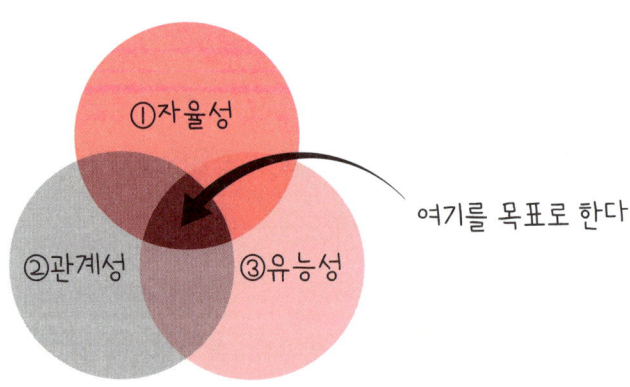

부모와 좋은 관계를 맺은 아이가 스스로 결정한 달성 가능한 목표라면 반드시 의욕이 생겨 열중하게 된다

이때 부모는 '풀이 과정을 쓰면 왜 좋은지'를 명확하게 전달하면서 최종적으로 어떻게 할지는 아이가 스스로 결정할 수 있도록 합니다. 만약 아이가 그 조언을 따르지 않았다면 그때가 아니라 '조언을 따르지 않아서 계산을 실수한', 즉 문제가 발생했을 때 잘못이나 부족함을 돌이켜 볼 수 있도록 하는 것이 좋습니다.

<u>스스로 결정했다는 감각이 있을수록 공부 자체가 재미있어집니다.</u>

마찬가지로 공부로 얻어지는 목표를 정할 때도 아이 스스로 선택할 수 있도록 합시다. 아이의 의욕을 불러일으키기 위해서는 '자신에게 결정권이 있는 것'이 중요합니다.

한마디 상의도 없이 중학 입시나 특히 몇 년이나 남은 고등학교 입시를 부모가 결정하고, 아직 자신이 받아들이지도 않았는데 학원에 다니는 일이 모두가 그렇지는 않겠지만 꽤 많다고 생각합니다. 이러한 경우는 높은 확률로 공부에 대한 의욕을 떨어뜨립니다. 아이에게 공부하고 싶은 마음이 들게 하기 위해서는 중학 입시의 필요성을 알려주고 체험 수업을 통해 아이의 생각을 물어가며 <u>최종적인 결정은 스스로 할 수 있도록 맡기는 것이 좋습니다.</u>

희망하는 학교를 정할 때도 마찬가지입니다. 학교 행사나 탐방 등을 다니면서 아이가 원하는 학교를 알아볼 수 있도록 도와줍시다.

장래에 자신이 무엇을 하고 싶은지 이미 정한 아이라면 '지금 해야 하는 공부가 꿈의 실현과 어떻게 연결되는지'를 알려주면 더 좋을 것 같네요. 이에 관해서는 2-3에서 자세하게 이야기하겠습니다.

아이가 '해낸 일'에 대해 칭찬해주기

그리고 부모와 아이의 관계를 잘 유지해야 합니다.

지금까지 제가 가르친 아이 중에서는 부모님의 "공부해"라는 잔소리가 듣기 싫어 "내가 공부하면 부모님이 좋아하세요. 그런데 부모님이 좋아하시면 제가 지는 것 같아 짜증 나서 공부하기 싫어요"라고 말하는 아이도 있었습니다.

자신이 좋아하는 사람이나 존경하는 사람에게 '이렇게 하면 좋아'라고 조언을 받으면 '해 봐야지'라는 마음이 생깁니다. 하지만 싫어하는 사람에게 똑같은 말을 듣는다면 아무리 옳은 말이라는 것을 알아도 하고 싶은 마음이 생기지 않지요. 이러한 마음은 어른이나 아이나 모두 같습니다.

'아이의 잘못된 행동을 고쳐줘야지…'라는 마음이 강해서 자신도 모르게 아이가 못하는 부분을 자주 지적하는 분들은 꼭 주의하시길 바랍니다. 아이가 자신의 부모에 대해 늘 혼내고 화를 내서 싫은 존재로 생각하게 될지도 모릅니다.

또한 부모가 아니라 못하는 자기 자신에게 실망하여 자신감을 잃기도 합니다. 어느 쪽이든지 의욕은 사라지게 되지요.

아이와 좋은 관계를 만들기 위해서는 못 하는 부분을 지적하기보다 아이가 할 수 있는 부분을 인정해주고 칭찬하는 것이 좋습니다.

그리고 부모와 자녀의 관계를 잘 쌓고 난 후에 "넌 이런 목표를 가지면 좋을 것 같아"라고 조언한다면 아이도 자연스레 받아들일 것입니다.

장벽이 너무 높은 목표를 세우지 않도록 주의한다

마지막으로 유능성을 채우기 위해서는 '나는 할 수 있다', '다음에도 하면 될 것 같아'와 같은 자신감을 아이에게 심어줍시다. 목표는 달성 가능한 것으로 설정하고 성공의 경험을 차곡차곡 쌓아갈 수 있도록 합시다.

처음부터 무리하게 장벽이 높은 목표를 과제로 주는 부모가 간혹 있는데 그러한 방법은 대부분 잘 진행되지 않습니다.

'하니깐 됐어!'라는 경험이 점점 쌓이면 아이는 높은 장벽에도 도전할 수 있게 됩니다. 그러므로 조급해하지 말고 하나씩 장벽을 올라갑시다.

지금까지 내재적 동기를 높이는 3가지 요소를 소개했습니다. 이러한 3가지 요소를 의식하여 자녀의 마음속에 분명한 목적의식을 심어 줍시다.

또한 다양한 연구를 통해서 '왜 그것을 해야 하는지'를 이해하게 되면 '어떻게 그것을 해야 하는지'를 생각하는 것보다도 더욱 동기부여가 된다는 사실을 알았습니다.

예를 들어 '인생에서 건강이 필요한 이유'를 생각한 그룹이 '건강을 위한 방법'을 생각한 그룹보다도 눈앞의 유혹을 더 잘 이겨냈습니다.

물론 성적을 올리려면 '어떤 공부를 해야 할지'를 생각하는 것도 중요합니다. 그러나 유혹에 넘어지지 않고 공부 계획을 실행하기 위한 의지를 강하게 하기 위해서는 '왜 공부해야 하는가'라는 목적의식을 가지는 것이 매우 중요합니다.

종종 목적을 다시 확인하여 첫걸음에서 두 번째, 세 번째 걸음으로 순조롭게 이어지도록 합시다.

핵심 포인트

☐ 공부에 대한 최종 판단은 아이 스스로 하게 한다(부모가 조언하는 것은 가능)

☐ 부모와 자녀의 관계가 잘 형성되도록 한다

☐ 목표는 아이가 실제로 달성 가능한 수준에서 시작한다

POINT **2-3** '목적'과 '목표'의 차이는?

목적을 명확하게 세웠다면 이제는 목표를 설정해봅시다. 목적과 목표는 유사한 의미이지만 구분해서 사용하는 편이 목적 달성에 더욱 유리합니다.

"아이가 먼저 중학교 입시를 준비하고 싶다고 말했는데, 전혀 공부하지를 않네요"

"가고 싶은 학교가 있다고 말하면서, 정작 공부는 하지 않네요"

여러분도 비슷한 걱정을 하고 있지 않나요? 이러한 고민은 많은 가정에서 흔히 있는 일로 저도 여러 번 상담한 적이 있습니다.

아이들이 이러한 행동을 하는 가장 큰 원인 중 하나는 목적을 향한 목표가 확실하게 세워져 있지 않기 때문입니다.

목적은 '최종 종착지'이고 목표는 이를 위한 '점검 지점'이다

앞에서 이야기했듯이 목적은 최종적으로 도달하고 싶은 '이상적인 상태'입니다. 그에 반해 목표는 목적에 도달하기 위해 곳곳에 세워둔 '점검 지점'이자 '통과 지점'이지요.

"이 방향으로 가면 앞에 목적지가 있을까?"

"지금 여기까지 왔으면 기한 안에 목적지에 도착할 수 있을까?"

이것을 확인하기 위해 설정하는 것이 목표입니다. 원하는 목적지는 '○○중학교 합격'이고 그 학교의 필요한 영어 성적은 90점이라고 합시다. 그리고 자신의 현재 점수는 50점이라고 가정합시다. 그러면 지금 점수를 고려하여 '○회 영어시험에서 70점'을 목표로 세우게 됩니다.

목적지가 멀 때는 도중에 목표가 없으면 도착하기 어렵다

아이가 첫걸음을 내딛기 위해서는 이렇게 목표를 정하는 것이 매우 중요합니다. 특히 목적지가 멀리 있을수록 가까운 목표 설정이 중요한 의미를 갖습니다.

아이의 목적이 '공부 자체(공부가 재미있다)'이거나 '좋은 성적을 받고 싶다(성적이 우수한 사람이 되고 싶다)'라면 목적지가 바로 눈앞에 있으므로 첫걸음 역시 내딛기 쉽습니다.

반면에 '○○중학교에 진학하고 싶다'거나 '장래에 ○○이 되고 싶어 하는 것'처럼 목적지가 멀리 있는 경우에는 중간에 목표가 없으면 무엇을 어떻게 해야 할지 알 수 없습니다. 목적지를 잃어버린 미아와 같은 상태가 되는 것이지요.

자신이 원하는 '○○중학교'나 '장래의 꿈'이 눈앞의 공부와 연결되지 않기 때문에 의욕도 생기지 않는 것입니다.

하지만 생각해보면 이것은 당연한 일입니다. 오늘 공부를 하고 안 하고에 따라 '○○중학교 합격'에 미치는 영향은 현실적으로 생각하면 한없이 작습니다. '관계없는 일'처럼 느껴지는 것도 무리가 아니지요.

그래서 통과 지점인 목표를 상세히 설정하여 '앞으로 있을 모의시험'이나 '수업에서 곧 치러질 시험'을 위해서 노력하는 내가 앞으로 있을 '○○중학교 합격'을 이루어내는 나와 연결되는 것을 인식해야 합니다.

초등학생에게 '장래에 의사 선생님이 되고 싶다면 공부해야 해'라고 말해도 너무나 먼 미래의 이야기이다. 따라서 '지금 해야 하는 공부'와 잘 연결되지 않으므로 의욕이 생기지 않는다

미래의 자신을 가깝게 느끼면 자제력이 높아진다

이처럼 '현재의 나'와 '미래의 나' 사이의 연결을 강하게 느끼는 것이 자제력을 높이는 열쇠가 됩니다. 이것은 스탠퍼드대학교의 실험에서도 확인할 수 있습니다.

미국 스탠퍼드대학교의 할 어스너 허시필드(Hal E. Hershfield) 연구원은 학생들을 대상으로 '현재의 자신과 미래의 자신이 얼마나 연결되어 있다고 느끼는지'를 조사했습니다. 그리고 몇 가지 자기 통제력을 검사하였습니다.

그 결과 현재의 자신과 미래의 자신과의 거리를 가깝게 느끼는 학생일수록 높은 자기 통제력을 발휘했습니다.

여기서 허시필드는 한 가지 더 재미있는 실험을 했습니다.

그는 실험에 참여한 학생들을 두 집단으로 나누어, 한 집단의 학생들은 거울로 자신의 모습을 보게 했고, 다른 집단은 사진을 바탕으로 만든 '노인이 된 자신'의 캐릭터와 가상 현실 공간에서 만나 대화하게 했습니다. '당신의 이름은 무엇인가요?', '어디에서 왔나요?', '어떤 일에 인생의 열정을 느끼나요?' 등과 같은 질문을 하면 캐릭터가 대답하여 마치 '미래의 자신'과 이야기하는 것처럼 느끼게 하였습니다.

그리고 모든 실험참가자에게 '만일 갑자기 1,000달러를 받게 된다면 어떻게 사용할 것인가?'라는 질문을 했습니다. 그러자 '미래의 자신'과 대화를 한 집단이 단지 거울로 '현재의 자신'의 모습을 본 집단보다 2배 이상의 돈을 은퇴 계좌에 저축하였습니다.

미래의 자신을 가깝게 느낄수록 눈앞의 유혹을 이겨내고 미래의 나를 위한 행동을 선택하게 되는 것입니다.

'합격할 것'으로 생각하고 '과거의 자신'을 돌아본다

이 외에도 미래의 자신을 가깝게 느끼는 방법은 여러 가지가 있습니다. '장래의 자신을 상상'해 보거나 '미래의 자신에게 메시지를 보내는 것'도 효과적이라고 합니다.

제가 운영하는 학원에서는 중학 입시를 준비하는 초등학교 5학년이나 6학년 아이들에게 먼저 '합격 수기'를 쓰게 합니다.

합격을 가정하고 '합격 발표를 들었을 때 어떤 기분이었는가?', '자신의 성장 발자취는 어떠한가?', '과거의 자신(실제로는 미래의 자신이지만)을 돌아보니 어떠한 노력이 성공으로 이어졌다고 생각하는가?' 등과 같은 내용을 작성하게 합니다.

이것 또한 미래의 자신을 가깝게 느끼는 방법입니다. 미래의 내가 본 '자신이 걸어 온 성장의 발자취'는 시점을 지금에 맞추면 앞으로 자신이 나아가야 할 '목표'입니다. 단지 합격한 자신을 상상하는 것보다도 성장의 발자취를 상상하는 편이 한층 더 현실감을 줄 수 있습니다.

이러한 방법을 좋아하는 아이들이 많은데, 그들은 합격 수기를 작성하면 공부에 대한 의욕이 높아진다고 합니다.

정리하면 '현재의 자신'과 '미래의 자신'의 연결을 인지하는 것은 의욕을 높이고 의지력을 발휘할 수 있게 하므로 매우 중요합니다.

따라서 실현하고 싶은 이상적인 상태인 '목적'과 '현재의 자신'을 연결하기 위한 통과 지점으로 목표를 세워보도록 합시다.

합격을 가정하고 '합격 수기'를 써 본다. 미래의 자신을 가깝게 느끼면 목적에 이르는 과정도 현실감이 생겨 의욕이 높아진다

핵심 포인트

☐ '목적'과 '목표'를 구분해서 사용한다

☐ 목적지가 멀수록 눈앞의 목표가 필요하다

☐ 미래의 자신을 가깝게 느껴지도록 한다

POINT **2-4** '결과 목표'를 '행동 목표'에 반영시킨다

지난번 시험이 끝난 후 학생들과 피드백할 때의 이야기입니다.

최근 학원에 다니기 시작한 학생에게 "더 좋은 점수를 받기 위해서는 어떻게 하면 좋았을까?"라고 물어보니, 그 아이는 "수학 과목에서 분수의 덧셈과 뺄셈을 공부했었으면 좋았을 것 같아요"라고 답하였습니다.

그래서 "그것을 위해 무엇을 해야 했을까?"라고 조금 더 깊게 물으니 아이는 입을 꾹 다물어 버렸습니다.

여러분은 지금 꽤 위험한 상황인 것을 눈치채셨나요?

이 아이는 '수학에서 분수의 덧셈과 뺄셈을 풀 수 있게 되고 싶어'라고 말은 하지만, 그것을 이루기 위해 무엇을 하면 좋을지는 전혀 생각하지 못하고 있습니다.

당연한 일이겠지만 그런 아이는 문제를 풀 수 있게 되기 위한 어떠한 구체적인 행동도 없이 그 상태로 다음 시험을 맞이하게 됩니다. 성적이 오를 리가 없습니다.

이것은 비단 이 아이에게만 해당하는 이야기가 아닙니다. 많은 초등학교 4~5학년의 아이들에게 처한 문제입니다.

그래서 목적을 정하고 그 목적으로 이어지는 목표를 설정하면 이제는 행동 목표를 세워야 합니다.

행동 목표는 '구체적'이고 '측정 가능'해야 한다

앞에서 이야기했듯이 'O회 영어시험에서 OO점'과 같은 목표는 결과 목표라고 합니다. 결과 목표를 정하면 의욕은 높아집니다.

하지만 '무엇을 해야 하는지'가 정해지지 않으면 결국 사람은 행동에 옮기지 못합니다. 따라서 결과 목표를 달성하기 위한 행동 목표(학습계획)를 세워야만 합니다.

행동 목표는 자기 행동을 관리하기 위해 세우는 것입니다. 그러므로 행동 목표의 내용은 자기가 통제할 수 있어야만 합니다.

저는 학생들에게 행동 목표는 '구체적'이고 '측정이 가능'해야 한다고 가르칩니다.

예를 들어 '수학 공부를 열심히 하자'라는 목표는 행동 목표로는 적절하지 않습니다. 무엇을 하면 열심히 한 것인지 구체성이 부족하고 노력은 측정하여 수치화할 수 없기 때문입니다.

'문제를 틀리게 읽지 않도록 주의하자'도 마찬가지입니다. 아무래도 구체성이 없으면 측정도 할 수 없지요.

이러한 형태로 행동 목표를 세운 아이들의 성적은 대부분 오르지 않은 채 그 자리에 머무르기 십상입니다.

구체적인 행동 목표는 누가 들어도 알 수 있습니다. 다른 사람에게 부탁했을 때 그 사람이 대신할 수 있는지를 생각하면 쉽게 이해할 수 있습니다.

'문제를 틀리게 읽지 않도록 주의하자'라고 행동 목표를 세워도 무엇을 하면 좋을지 알 수 없습니다. 하지만 '문제를 똑바로 읽기 위해 문제의 질문에 밑줄을 긋자'라고 한다면 누구나 쉽게 이해할 수 있지요.

'측정 가능한 것'은 '수치로 나타낼 수 있는 것'입니다. '수학 교과서의 ○단원을 열심히 하자'라고 목표를 세워도 얼마나 하면 좋을지 알 수 없습니다. '○단원의 문제를 3쪽 풀기'라고 하면 누구나 알 수 있지요.

누군가에게 부탁해도 명확하게 전해지는 목표 설정을 하면 그것을 실행했는지는 스스로 관리할 수 있습니다.

수치로 나타내는 행동 목표는 적절히 잘 도와줄 수 있다

아이에게 '구체적'으로 '측정 가능한' 행동 목표를 세울 수 있도록 가르친다고 하더라도 그것을 바로 할 수 있게 되는 것은 아닙니다. 따라서 처음에는 아이들의 대답에 '무엇을?', '얼마나?'라고 질문을 거듭하여 상세하게 생각할 수 있도록 하거나 몇 가지 선택지를 제시하여 유도하는 것이 효과적입니다.

아이가 "수학을 열심히 할 거야"라고 말하면 "어떻게 하는 게 열심히 하는 걸까?", "얼마나 하면 목표를 달성할 수 있을까?"라고 물어봅시다. 그래도 아이가 대답하지 못한다면 "○○와 ○○라면 어느 쪽을 할 수 있어?"라며 선택지를 제시하는 방법도 있습니다.

앞에서 이야기한 우리 학원 아이도 결국 스스로 답을 찾지 못했기 때문에 제가 먼저 "교과서의 어떤 문제를 풀어보면 좋았을까?"라고 답을 유도했습니다.

계산의 반복
○단원의 문제를
3쪽 풀어야지!

'행동 목표'는 '구체적'이고 '측정 가능한' 것으로 한다. 목표를 잘 세우지 못하는 아이도 있으므로 부모가 옆에서 도와주자

그러자 아이는 "기본 문제를 한 번 더 풀어보면 좋았을 것 같아요"라고 답했습니다.

초등학생 아이들은 아직 성장 중입니다. 그래서 결과 목표를 달성하기 위해 무엇을 하면 좋을지 생각하는 것이 서투르지요.

그러므로 무리하게 요구하거나 다그치기보다 아이가 잘 할 수 있도록 옆에서 상황에 맞게 도와줍시다.

'해서는 안 되는' 목표보다 '하는' 목표가 더 효과적이다

목표 달성을 위한 소소한 비결입니다만 '○○하지 않는다'라고 하기보다 '○○한다'라고 목표 설정하는 편이 목표 달성의 확률을 높입니다.

예를 들어 봅시다. '다이어트를 위해 과자를 먹지 않기'보다도 '다이어트를 위해 과자 대신 과일 먹기'와 같은 목표 설정이 다이어트의 성공률을 높인다고 합니다.

'수학 문제를 풀 때 계산을 틀리지 않기'보다도 '수식을 종이에 써서 정확하게 계산하기'와 같은 목표 설정이, '게임 하지 않기'보다도 '게임이 하고 싶어지면 책 읽기'와 같은 목표 설정이 성공률을 높입니다.

아이의 행동을 관리하거나 무엇을 측정해야 할지를 정할 때 참고해 보세요.

핵심 포인트

☐ 행동 목표(무엇을 하면 좋을지)를 정한다

☐ 행동 목표는 '구체적'이고 '측정 가능한 것'으로 세운다

☐ 'ㅇㅇ하지 않는다'가 아니라 'ㅇㅇ한다'와 같은 행동 목표를 세운다

POINT 2-5 '5가지 규칙'으로 목표를 세우면 성적이 오른다

목표를 세우기 위한 규칙은 '구체적'이고 '측정'할 수 있는 것 이외에도 3가지 중요한 규칙이 있습니다.

그것은 '관련성이 있다', '기한을 정한다', '자신이 할 수 있는 것으로 한다'입니다.

관련성이 있다

'아이가 잘하거나 좋아하는 과목만 공부하려 하고 자신 없는 과목은 좀처럼 하려고 하지 않는다. 잘하는 과목은 굳이 많은 시간을 투자하지 않아도 잘하지만, 못하는 과목은 조금만 공부해도 성적이 쭉 오를 텐데 왜 공부를 안 할까……'

여러분은 이런 고민 한 적 없나요?

아이들은 시야가 좁아서 '지금 여기' 이외의 것은 좀처럼 생각하지 못합니다. 지금 하고 싶은 것을 어떻게든 먼저 하려고 하지요. 따라서 먼저 목적을 확인하고 그 목적으로 이어지는 행동은 무엇인지 생각하는 단계를 갖는 것이 효과적입니다. 그 과정을 거치지 않은 채 부모에게 서투른 과목을 중점적으로 공부하라는 지시만 받는다면 아이는 공부에 대한 의욕을 잃을 수 있으므로 부모는 이 점을 신경 써야 합니다.

또한 많은 부모가 가진 고민이 비효율적인 학습법으로 공부하고 마치 공부를 다 했다고 생각하는 유형입니다. 예를 들어 그저 교과서만 읽거나 책에 형광펜으로 밑줄만 그어대는 공부 방법입니다. 이러한 방법이 비효율적인 학습법이라는 것은 과학적으로도 증명되어 있습니다.

여러분의 자녀는 어떠한가요?

문제를 푸는 것은 효율적인 학습법이지만 머리를 충분히 사용해야 해서 쉽게 피로해집니다. 그래서 아이들은 피곤해지는 것을 막기 위해 편한 방법으로 도망치려고 합니다. 하지만 운동이나 공부든 한계에 다다를 때까지 노력하지 않으면 성장할 수 없습니다. 몸이 편한 방식으로 회피하면 결국 공부 시간을 헛되이 쓰이게 될 것입니다.

시간과 노력이 정말로 아깝네요.

어떻게 공부해야 효과적으로 공부할 수 있는지 아이에게 제대로 알려줘야 합니다. 성적을 올리거나 희망하는 학교의 합격 등의 성과로 이어지는 행동을 아이들과 함께 확인하고 그것을 습관화합시다.

지금까지 제가 가르친 학생 중에서도 성적 향상을 위한 효과적인 방법을 사용하여 공부의 내용이나 방법을 개선하고 성적이 월등히 높아진 아이가 꽤 있습니다.

여러분의 자녀에게도 노력을 헛되게 하지 않는 공부법을 가르쳐 줍시다.

기한을 정한다

자신 없는 과목의 보강 수업을 들어야겠다고 생각했었는데 어느새 시간은 지나가 버리고 미적미적 미루다가 결국 못 들었다……. 이것 또한 성적이 오르지 않는 아이에게서 자주 볼 수 있는 모습입니다. 이렇게 말하는 저 또한 학창 시절을 돌아보면 그러한 면이 있었습니다.

여러분은 어떤가요?

'미루다가 결국은 하지 못했어'라는 사태를 방지하기 위해서는 '이것을 언제 할지'를 명확하게 정하는 것이 효과적입니다.

이것은 3장에서 구체적으로 살펴보겠습니다.

'이거라면 할 수 있다'라고 생각하는 내용으로 정한다

공부를 효과적으로 하기 위해서는 적당한 난이도의 과제가 필요합니다. 너무 쉬워도 성장하지 않지만 그렇다고 지나치게 어려워도 성장하지 않습니다. 희망하는 학교가 90점수 학생만 갈 수 있는 학교라고 하여 50점인 아이에게 90점인 학생들이 풀 수 있는 문제를 공부하게 해도 이해하지 못할 것입니다. 아이가 받아들이지 못하는 공부를 아무리 시켜도 성장하지 않습니다.

아이에게 쉽지도, 어렵지도 않으면서 지금의 자기 실력보다 조금 더 성장할 수 있는 수준의 과제를 꾸준히 하는 것이 짧은 기간 동안 빠르게 성장하는 비결입니다.

또한 동기를 부여하기 위해서도 '이거라면 할 수 있을 것 같아'라고 스스로 생각하는 것이 매우 중요합니다. '이렇게 어려운 건 난 못해', '이렇게 많은 양은 못 하겠어'라고 생각하면 의욕을 잃을 수 있으므로 주의해야 합니다.

정리하면 '①구체적이고', '②측정 가능해야 하며', '③달성이 가능해야 할 뿐 아니라', '④관련성이 있고', '⑤기한이 있어야 한다'는 비즈니스의 세계에서 사용하는 SMART 목표 설정의 사고방식입니다.

Specific: 구체적이다

Measurable: 측정 가능하다

Achievable: 달성 가능하다

Rel evant: 관계성이 있다

Time-bound: 기한이 있다

위의 5가지를 'SMART'라고 합니다.

이러한 방법이라면 초등학교 4학년 아이도 반복하는 동안에 기억할 수 있습니다.

최종 목적지에 도착하기 위한 중장기적인 결과 목표를 정할 때도 중요한 방식이지만, 결과 목표를 달성하기 위한 행동 목표를 결정할 때는 더욱 중요합니다. 어서 아이들에게 알려주세요.

목표는 'SMART 목표 설정'의 규칙으로 세우면 성적이 업!

핵심 포인트

☐ 행동 목표는 '관련성이 있는 것'이어야 한다

☐ 행동 목표는 '기한을 정해야' 한다

☐ 행동 목표는 '달성 가능하다'라고 생각하는 것으로 한다

자신감을 키우기 위해서는 누군가에게 조언해주자!

목표는 '이거라면 할 수 있어'라고 생각되는 것으로 정하는 것이 중요합니다. 하지만 '아이가 어떻게 느끼는지'는 주관적인 감정이므로 우리가 통제할 수 없습니다.

우리의 생각에는 '충분히 할 수 있을 텐데… 왜 못하지?'라고 생각되는 상황일지라도 아이는 '이건 할 수 없어'라고 느낄 수 있습니다.

'할 수 있어!'라고 생각하는 강한 의지나 자신감은 어떻게 키울 수 있을까요? 이것을 위한 본질적인 방법은 성공 체험을 쌓게 하는 것입니다. 작은 성공 체험을 쌓아갈수록 자신감이 붙고 더욱 큰 도전을 할 수 있게 되지요.

그러나 성공 체험을 쌓는 것은 많은 시간이 걸리고 첫걸음조차 내딛지 못한 아이는 그대로 쭉 멈춰있게 됩니다. 이러한 아이를 위해서는 어떤 방법을 사용하면 좋을까요?

지금부터 작은 기술을 소개합니다.

아이에게 자신감을 심어주기 위해서는 '다른 사람에게 조언해주는 것'이 효과적입니다.

중학생을 대상으로 한 연구에서는 후배에게 조언해준 집단이 공부에 대한 의욕이 높아지고 공부하는 시간도 많이 늘어났다고 합니다.

타인에게 조언했을 때 자신의 의욕이 높아지는 이유는 누군가에게 조언하면서 '다른 사람이 자신을 응원하고 있다'라는 느낌이 들어, 그것이 자신감과 연결되기 때문이라고 합니다.

'미래 합격 수기'의 응용 판으로서 '수험이 끝난 후, 후배에게 조언한다면 어떤 이야기를 전하고 싶은지'를 생각하게 해 보는 것도 좋은 방법입니다.

3장
'첫걸음'을 내딛는 비결

습관을 만들기 위해서는 먼저 하나하나의 행동을 반복해야만 합니다. 이 장에서는 목표 달성을 위해 자기 행동을 통제하는 방법을 설명합니다. 이 방법을 활용하면 목표를 달성할 확률이 쭉 올라가며 이것은 과학적으로도 증명되어 있습니다.

POINT 3-1 모든 습관의 첫걸음은 한 번뿐인 행동에서 시작된다

　이제 목적과 목표도 정했으니, 목표 달성을 향하여 첫걸음을 내디뎌봅시다. 모든 습관은 반복되는 행동 하나하나가 쌓여서 만들어집니다. 3장에서는 그 하나의 행동을 쉽게 실행하는 동시에 습관이 되기까지 지속할 수 있는 비결을 소개합니다.

　시험에 합격하거나 성적을 올리는 가장 효과적인 방법이 공부라는 것은 누구나 알고 있습니다. 하지만 좀처럼 실행에 옮기기 어려운 것이 현실이지요. 그렇다면 어떻게 해야 목표를 향해 행동할 수 있을까요? 그 비결①은 바로 작은 목표를 설정하여 행동의 장벽을 낮추는 것입니다.

너무 큰 목표는 의욕을 잃게 한다

2-5의 '자신이 할 수 있는 것을 목표로 세우기'에서 '이렇게 어려운 것은 못 해', '이렇게 많이는 할 수 없어'라고 생각하면 의욕은 생기지 않는다고 했습니다. 이것을 조금 더 구체적으로 이야기해 볼까요?

미국의 심리학자 존 윌리엄 앳킨슨(John William Atkinson)은 기대-가치 이론(expectancy-value theory)을 주장했습니다. 이것은 사람의 의욕이 '목표에 대해 느끼는 가치'와 '목표 달성의 기대'의 곱으로 결정된다는 이론입니다.

목표에 대해 높은 가치를 느끼거나 보람 있다고 여길지라도 '나는 안 될 거야…'라고 생각하면 의욕은 생기지 않습니다. 아이가 '희망하는 학교는 있지만 공부할 마음이 안 생겨'라고 말하는 경우도 마찬가지입니다. 여러분의 아이도 목표는 있지만, 의욕이 없지 않나요?

공부할 것을 나눠서 하나하나의 양을 줄인다

이때 효과적인 방법이 작은 목표를 세우는 것입니다.

예를 들어 학원 숙제가 너무 많다는 생각에 의욕을 잃은 나머지 차일피일 미루는 아이들을 흔히 볼 수 있습니다.

이럴 때는 숙제를 몇 가지로 나누어서 세분화 해봅시다. 한 쪽씩 나누거나 혹은 더 작은 단위인 한 문제씩 나눠도 좋습니다. 그 하나

하나를 목표로 설정하여 단거리 달리기를 반복하듯이 숙제를 해 봅시다. 그러면 처음 한 걸음을 쉽게 내딛게 되어 두 걸음, 세 걸음 계속해서 나아갈 수 있게 되지요.

아이들의 뇌는 아직도 발달하고 있기에 앞일을 예측하는 것이 매우 서툽니다. 어른의 시각에서 보면 금방 끝낼 수 있는 것처럼 보이는 일도 아이들의 시선에서 보면 몹시 어렵거나 많은 시간이 걸릴 것처럼 느껴집니다. 이는 어쩔 수 없는 일이지요.

제 수업 시간에도 아이들에게 숙제를 내주면 '앗! 그렇게나 많이요?'라며 볼멘소리를 하는 일이 종종 있습니다. 그럴 때도 숙제를 작은 단위로 나누어 '이걸 하려면 시간이 얼마나 걸릴까?', '이거는 몇 분 안에 끝낼 것 같아?'라고 물어본 후, '그러면 다해서 얼마나 걸릴까?'라고 생각할 시간을 주면 '의외로 별거 아니네'라고 깨닫게 되지요.

이거는 할 수 있어요!

오늘 숙제란다.
국어 독해 문제는 10분
수학 문제는 20분
사회 문제는 15분이면 할 수 있어.
다해서 40분이 걸려.

아이들은 아직 앞일을 예측하는 일이 서툴기 때문에 작은 목표를 세분화하여 설정하면 '할 수 있어!'라고 생각하며 힘을 낸다 여러분의 가정에서도 작은 목표를 설정하여 단거리 달리기하듯 반복하면 분명 아이는 지금보다 더 순조롭게 공부에 집중할 수 있습니다.

이것은 공부의 양을 조절하여 행동의 장벽을 낮추는 방법이지만, 시간을 조절하는 것도 효과적인 방법입니다.

'집에 돌아오면 공부에 필요한 물건들을 가방에서 꺼내는 것'도 좋은 방법이다

또한 그래프나 문제 풀이를 적는 데 어려움을 느낀다면 '일단 하면 돼'라며 공부에 대한 진입장벽을 낮춰주는 것도 효과적입니다. '안 하는 것보다 낫지!'라며 당당해지세요.

공부에 필요한 물건을 준비하는 것이 귀찮다면 집에 돌아오면 일단 가방에서 필요한 물건을 꺼내놓는 등 언제든 공부할 수 있는 준비를 해두어, 첫 행동까지 가는 문턱을 낮추는 것도 좋습니다.

작은 목표로 높은 벽을 오르려고 하기보다는 낮은 계단을 차근차근 올라가려는 자세를 가지세요. 그리고 작은 실천으로 완만한 계단을 만들기 위해 노력하여 아이들이 순조롭게 행동할 수 있도록 도와주기를 바랍니다.

핵심 포인트

- [ ] 행동 하나하나를 실행하기 쉽게 만든다
- [ ] 작은 목표를 설정하여 행동의 장벽을 낮춘다
- [ ] 1회 공부량을 적게 하거나 공부 시간을 짧게 한다

POINT 3-2 의욕의 스위치가 켜지는 'If-Then 플래닝'

이어서 행동을 쉽게 하는 비결 ②를 알아봅시다. 2-5에서 '언제', '무엇을', '얼마나' 할지를 결정하자고 말씀드렸습니다. 이제는 한 걸음 더 나아가 아이의 의욕을 불러일으키는 방법인 If-Then 플래닝(If-Then Planning)을 소개합니다.

If-Then 플래닝은 목표 달성을 위한 매우 강력한 기법입니다. 미국 뉴욕대학교의 피터 골비처(Peter M. Gollwitzer) 교수와 펜실베이니아대학교의 앤절라 더크워스(Angela Lee Duckworth) 교수, 그리고 컬럼비아 경영대학원의 하이디 그랜트 할버슨(Heidi Grant Halvorson) 교수가 공동으로 실험한 연구에 의하면 If-Then 플래닝을 사용했을 때 여름 방학 동안 고교생의 공부량이 2배 이상 증가하였다고 합니다. 정말 놀랍지 않나요? 여러분의 아이들도 할 수 있습니다!

공부를 '언제 할지' 정한다

If-Then 플래닝의 방법은 정말 간단합니다.

'○○이 되면 ○○한다'

라고 정하기만 하면 됩니다.

예를 들어 '월요일, 수요일, 금요일이 되면 일을 시작하기 전에 30분간 운동을 한다'라고 계획을 세우는 것입니다.

참고로 2-5에서 이야기한 SMART 목표 설정의 5가지 규칙을 지키면 저절로 If-Then 플래닝을 할 수 있습니다.

'무엇을', '얼마나' 할지는 학교나 학원 등에서 숙제라는 형태로 제시해줍니다. 그러나 숙제를 '언제' 할지는 정해주지 않습니다. 스스로 '언제' 할지를 정하지 않으면 사람의 뇌는 해야 할 타이밍을 인식하지 못합니다. 그래서 아이들도 '숙제해야지', '숙제해야 하는데'라고 생각은 하지만 좀처럼 실행에 옮기지 못합니다.

그러므로 자기가 해야 할 일에 '무엇을', '얼마나' 뿐만 아니라 '언제'를 정하는 일이 매우 중요한 것입니다.

공부하는 '상황'도 구체적으로 정한다

지금부터 3-2에서 중요한 핵심을 이야기하겠습니다.

'if-then 플래닝'의 효과를 최대한 일으키기 위해서는 상황을 가능한 구체적으로 설정해야 한다는 것을 알았습니다.

'어디서', '어떻게', '어떠한 순서'로 할지 등의 내용을 포함해야 합니다.

예를 들어 다음의 2가지 학습 계획을 실행에 옮긴다고 가정해봅시다.

① 목요일 오후 5시가 되면 수학 숙제를 한다
② 매주 주말이 되면 다음 주의 계획을 세운다

지금 이대로도 충분히 효과는 있지만, 다음의 보기처럼 한다면 한층 더 효과가 커질 것입니다.

① 목요일 오후 5시가 되면 내 방에서 수학 교과서와 공책을 챙겨 나와 거실에서 수학 숙제를 한다. 그래프나 문제 풀이를 정성껏 적어가며 열중한다.
② 일요일 저녁 식사를 마치면 내 방 책상 의자에 앉아서 다이어리를 펼치고 월요일부터 1주일간의 계획을 세운다.

뇌가 망설임 없이 순조롭게 공부를 시작한다

이처럼 미리 자세하게 계획을 세워두면 뇌는 '과제에 열중하는 순간'을 확실하게 인식하여 어떻게 행동해야 할지 헤매지 않고 순조롭게 행동으로 옮길 수 있습니다.

어떻게 하면 좋을지 헤매거나 고민할 필요가 없으면 우리의 뇌는 불필요한 에너지를 소모하지 않고 그저 과제를 수행하는 일에 집중할 수 있습니다. 그 결과 계획대로 행동할 확률이 매우 높아지지요.

또한 예상 밖의 문제에 직면했을 때도 'if-then 플래닝'을 가지고 있는 사람이 더욱 끈기를 가지고 목표 달성에 열중하는 것을 알았습니다. 실행하기 어려운 상황이라도 몇 번이나 반복하여 도전하거나 어려움을 극복하기 위해 의지력을 발휘합니다.

여러분도 if-then 플래닝을 잘 활용하여 이상적인 행동을 끌어내 봅시다.

공부를 '언제 할지'를 포함하여 '어떠한 상황이 되면 할지'까지 상세하게 정해두면 순조롭게 행동으로 옮길 수 있다

핵심 포인트

- ☐ '무엇을', '얼마나'를 포함하여 '언제' 할지를 정하는 것도 중요하다
- ☐ '○○이 되면 □□한다'라고 정해 둔다
- ☐ 가능한 구체적으로 계획을 세워두면 과제를 수행하는 일에 집중할 수 있다

POINT 3-3 다른 습관과 연결하여 '승리 패턴'을 만든다

'if-then 플래닝'을 더욱 효과적으로 활용하는 방법을 소개하겠습니다.

'언제', '무엇을', '얼마나' 하는지를 정하는 것으로 의욕의 스위치가 켜지는 if-then 플래닝은 매우 큰 효과가 있다고 이야기했습니다.

앞에서는 '언제'를 예로 들어서 요일이나 시각을 정했지만, 이번에는 다른 추천 유형을 소개하려고 합니다. 그것은 '<u>다른 습관의 꼬리를 연결하는 유형</u>'입니다.

'기존의 습관'으로 자신이 원하는 '새로운 습관'을 만든다

우리에게는 의외로 많은 습관이 있습니다. 우리는 식사, 수면, 양치질, 샤워 등과 같이 매일 반드시 하는 행동들이 있습니다. '집에 오면 먼저 냉장고부터 열어 보는 것이 습관'인 사람도 있습니다. 어른이나 아이가 시원한 음료를 마시고 '하—'하고 한숨을 돌리는 것도 습관일 수 있겠지요.

이처럼 기존의 습관을 시작점으로 삼고 거기에 자신이 원하는 행동을 덧붙이면 새로운 습관을 만들 수 있습니다. 즉 '○○을 하면 그 후에 □□을 한다'라는 행동 계획을 정하면 매우 쉽게 그 행동을 할 수 있습니다.

예를 들어 '밥을 먹을 때는 식탁에 차려진 음식 재료의 산지를 확인하며 지리를 공부한다'와 같은 방식입니다.

'식사할 때는 식탁에 차려진 음식 재료의 원산지를 확인하며 지리를 공부한다'라고 정해두면 자연스럽게 공부가 되고 지속하기도 쉽다

'아침에 일어나면 한자 공부를 한 쪽 한다. 그리고 공부가 끝나면 산수를 한쪽 한다'처럼 '하나가 끝나면 그다음'의 방식으로 늘려가는 것도 가능합니다.

'이것을 잘하면 그다음도 잘할 수 있다'라는 흐름을 습관으로 만들면 전체적으로 매우 강한 습관이 될 수 있습니다.

'몇 시'가 아니라 '○○한 후'의 타이밍을 불잡는다

3-2에서 말했듯이 우리의 뇌는 할 일을 알고 있어도 그것을 언제 해야 하는지를 모른다면 의욕의 스위치는 켜지지 않습니다. 그리고 해야 할 타이밍을 놓치게 됩니다. 그러므로 해야 할 시간을 정하는 것이 중요합니다. 하지만 '시간 감각'은 꽤 높은 수준의 능력이므로 아직 성장하는 아이들에게는 어려울 수 있습니다. 따라서 시간을 정했어도 원활하게 진행되지 않을 수 있지요.

이럴 때는 '몇 시'가 아니라 '○○한 후'의 방식을 사용해봅시다. 그러면 아이의 시간 감각이라도 '지금이 그때다'라고 인식하여 의욕의 스위치를 켤 것입니다.

꼭 아이들에게 이 방법을 사용해보세요.

핵심 포인트

☐ 원래 가진 습관에 새로운 습관을 연결하면 쉽게 행동할 수 있다

☐ 아이들은 시간 감각이 발달하지 않았다.

☐ '몇 시에 하기'가 잘되지 않는다면 'ㅇㅇ한 후에 하기'를 해보자

POINT 3-4 목적 달성의 방해가 되는 유혹과 싸우는 법

 '다이어트 중인데 과자나 술의 유혹에 넘어가 그만 먹어버렸어.' 여러분은 이러한 경험을 하신 적 없으신가요?

 '의욕도 있고 목적의식도 있다. 하지만 눈앞의 유혹에 넘어졌다…….' 이러한 경험은 과거를 돌아보면 누구나 마음 한쪽에 생각나는 일들이 있을 것입니다.

 아이들도 마찬가지입니다. 희망하는 학교가 있고 그곳에 합격하기 위해 성적을 올리고 싶어 합니다. 그리고 공부할 마음을 먹습니다. 하지만 그것도 잠시일 뿐, 눈앞의 게임이나 텔레비전에 그만 무릎을 꿇고 맙니다. '잠깐 휴식'할 생각으로 시작했지만 나도 모르게 '조금만 더'를 반복하게 됩니다. 정말 모두가 공감하는 이야기 아닌가요?

이럴 때 아이들을 혼내고 닦달하여도 좀처럼 변하지 않습니다. 어쨌든 아이들 자신도 의욕은 있기 때문이지요.

오히려 아이도 그런 자신을 바꾸고 싶어서 고민하기도 합니다. 아이들에게 정말 필요한 것은 혼을 내서 슬픈 기억이나 분한 마음을 갖게 하는 것이 아닙니다.

유혹을 이기는 방법이지요.

그리하여 3-4에서는 유혹을 이기는 사람은 어떻게 하여 유혹에 넘어지지 않는지를 알려주고자 합니다.

유혹이 적은 환경으로 바꾸기

유혹을 이기는 매우 효과적인 전략은 '싸우지 않고 이기는 것'입니다.

유혹과 마주했을 때 의지력을 발휘해서 그것을 이기기란 쉽지 않습니다. 그보다도 처음부터 유혹이 적은 환경에 자신을 두는 편이 목표를 달성할 가능성이 더욱 커집니다.

예를 들어 봅시다. 직장에서 과자를 책상 위에 두는 것과 서랍 안에 넣어 두는 것으로 먹게 되는 양은 3배 정도 바뀐다고 합니다. 조금은 귀찮더라도 '서랍 안에 넣어 두는 것'이 유혹과 '싸우지 않고 이길 수 있는' 효과적인 방법이지요.

유혹을 덜 받도록 환경을 만드는 것이 중요합니다.

3-1에서 '목표 달성을 위해 늘리고 싶은 행동이 있다면 그 행동을 하기 쉽도록 장벽을 낮추자'라고 이야기했습니다. 반면에 줄이고 싶은 행동은 장벽을 높여 봅시다.

다이어트에 성공하기 위해 먹는 과자의 양을 줄이고 싶나요?

그렇다면 과자를 눈에 닿지 않는 곳에 넣어두고, 먹을 때는 일부러 꺼내야지만 먹을 수 있는 환경을 만듭시다. 미리 양치질하여 과자를 먹으면 다시 이를 닦아야 하는 번거로운 상황을 만드는 것도 좋은 방법입니다. 아마도 귀찮아서 먹고 싶은 마음이 싹 사라질 것입니다.

공부 시간을 늘리기 위해서 텔레비전을 보는 시간을 줄이고 싶나요?

이럴 때는 텔레비전의 커버를 준비하여 시청 후에는 커버를 씌우도록 합시다. 주전원도 끄고 콘센트도 뽑으면 더 좋겠네요. 리모컨 버튼 하나로 쉽게 텔레비전을 보는 환경과 번거롭게 텔레비전의 커버를 벗기고 전기를 연결하여 전원을 켜야 하는 환경에서 텔레비전을 보는 시간의 양은 큰 차이가 있을 것입니다.

게임이나 유튜브도 마찬가지입니다. 사용하지 않을 때는 눈에 띄지 않는 곳에 정리해둬서 하고 싶은 기분을 만들지 않도록 합시다. 그리고 하고 싶은 마음이 들지라도 일부러 준비하지 않으면 안 되는 성가신 상황으로 만드는 거지요.

또한 친구가 놀자고 유혹할 때도 막상 권유받으면 거절하기 어려우므로 미리 'ㅇ요일 이외에는 공부해야 하므로 놀지 않기' 등을 전해놓으면 좋겠지요.

유혹에서 '벗어날 수 없을 때'를 위한 대처법 마련하기

유혹을 이겨내기 위한 차선책은 유혹에 직면했을 때의 대처법을 'if-then 플래닝'으로 정해두는 것입니다.

유혹에 직면했을 때 그제야 '어떻게 할까?'라고 생각하면 그때는 이미 늦습니다. 이상적인 행동을 미리 정해 놓고 그대로 실행하는 일에만 집중하면 유혹을 이기는 기회가 높아질 것입니다.

예를 들어 '거실에서 가족들이 텔레비전을 보고 있어도 함께 보지 않고 방으로 돌아와 계속 공부하기'라는 것을 미리 정해두는 거지요. 이러한 두 가지 전략을 사용하면 유혹에 넘어가지 않을 확률이 꽤 높아집니다.

쉽게 유혹이 다가오지 못하도록 해둔다. 귀찮아질수록 유혹에 빠지기 어렵다

목적과 목표를 실현하려면 달성과 이어지는 행동을 해야만 합니다. 그리고 그 달성으로 이어지는 행동에 방해되는 행동은 통제해야 합니다.

텔레비전도 게임도 결코 그 자체가 나쁜 행동은 아니지만 아무래도 현실적인 면에서는 공부에 방해되는 일이 많습니다. 따라서 적절한 양만큼만 하도록 조절할 수 있어야 합니다.

분명 자녀가 좋아하는 일은 '어느 정도 하게 해주자'라고 여러분도 생각하지요? 그러므로 아이에게 유혹과 잘 지내는 방법을 가르쳐 줍시다.

'유혹과 마주했을 때 어떻게 행동할지'를 미리 정해두면 점점 유혹에 넘어지는 일이 없어질 것이다

핵심 포인트

☐ 유혹에는 '싸우지 않고 이기도록' 한다

☐ 처음부터 유혹이 적은 환경을 만든다

☐ 유혹에서 빠져나오지 못했을 때의 대처 방법을 미리 정해둔다

게임과 이별하는 봉인식

　제가 운영하는 학원의 연례행사처럼 되어가고 있는 것이 있습니다. 그것은 봉인식으로 수험 날짜가 다가오면 학생들이 게임기를 가지고 학원에 옵니다. 그리고 우리는 그것을 받아서 학원에 있는 금고에 경건하게 넣어두는 '봉인식'을 엽니다.

이 금고는 '강사의 지문 인증이 아니면 열 수 없는' 철통같은 수비 속에 있습니다.

결코 우리가 강제적으로 학생들에게 수거한 것이 아니라 아이들이 스스로 '이제 슬슬 내볼까'라고 생각한 타이밍에 게임기를 갖고 오는 것입니다. 그리고 '내년에 다시 만나자'라는 말을 건네고 잠시 이별합니다. 이러한 의식을 오히려 즐기는 학생도 있습니다.

아이에게는 합격하고 싶은 간절한 마음이 있습니다. 그렇다고 하더라도 놀고 싶은 유혹과 싸우는 일은 매우 어렵지요. 반면 유혹에서 이긴다고 하여도 그것을 이겨내는 과정에 많은 에너지를 소모하여 결국 공부에 집중할 힘이 줄어듭니다.

그러므로 '귀찮은 상황을 만드는 것'보다 더 강력한 유혹에 대한 대처법은 '전혀 할 수 없는 상황을 만든다'라는 대책을 세워 공부에 집중할 수 있도록 합니다.

'봉인식'을 하면 아이들도 '체념하게 되어 후련하다'라고 합니다. 조금 시간이 지나면 대부분 '게임을 하지 않는 일상이 익숙해졌다'라고 말하지요.

결국 게임도 '습관'이 돼서 하고 싶어져 버린 것뿐입니다.

여러분의 가정에서도 '유혹과 싸우지 않는 상황 만들기'를 궁리해서 만들어보세요.

4장

습관이 될 때까지 반복하는 비결

이 장에서는 습관의 메커니즘을 설명합니다. 사람의 습성을 알면 행동을 유지해서 쉽게 습관으로 만들 수 있으며, 또한 모처럼 만든 습관이 무너지는 것도 막을 수 있습니다. 동기부여의 과학적인 원리를 바탕으로 한 습관화의 비결을 활용해봅시다.

POINT **4-1** 습관에도 '관성의 법칙'이 작용한다

드디어 지금부터 습관화의 비결을 알려드리겠습니다.

목적과 목표를 달성하기 위한 행동을 습관화할 때 가장 힘들 때가 바로 처음 시기입니다.

우리는 무의식적으로 늘 하던 대로 행동하게 되어있습니다. 사람의 뇌는 '생존하기 위한 최적의 상태'를 기준으로 좋은 행동과 나쁜 행동을 구분합니다. 그리고 뇌는 우리가 지금까지 살아왔듯이 늘 하던 대로 행동을 유지하면 앞으로도 살아 있을 가능성이 크다고 판단합니다.

뇌의 '변하고 싶지 않은' 습성을 거스르기란 쉽지 않다

사람의 뇌는 '성적이 오르면 좋겠어', '그 학교에 합격하면 좋겠다',

'부자가 되고 싶어' 등과 같은 가치를 판단하지 않습니다.

'성적이 나쁘더라도 죽지는 않아'

'가난하더라도 죽지는 않아'

이것이 뇌의 가치관입니다.

따라서 지금까지 했던 행동과 다른 행동을 하게 되면 다시 원래대로 돌아가려고 하여 브레이크가 작동하게 되는 것입니다.

하지만 이러한 어려운 시기를 지나 행동이 습관이 되면 그때부터 우리의 무의식은 그 습관을 계속하기 위해 움직입니다.

예를 들어 봅시다. 입시 시험이 막 끝난 수험생은 그때까지 입시를 위해서 매일 많은 양의 공부를 했기 때문에, 학원이나 숙제가 없어지면 안절부절못하며 공부하고 싶어집니다. 이때 해야 할 것을 찾아서 계속 공부하면 앞으로도 공부의 습관을 유지할 수 있습니다.

함께 상상해 볼까요? 자전거는 처음에 페달을 밟고 돌릴 때가 가장 힘들지만 한번 속도가 붙기 시작하면 페달을 밟지 않아도 계속해서 달릴 수 있습니다.

2~3개월 계속하면 대부분 습관화할 수 있다

그러면 습관으로 만들기까지는 얼마나 걸릴까요?

영국 유니버시티칼리지런던(UCL)의 연구팀에 따르면 습관화하는 데 걸리는 시간은 약 18일에서 254일로 꽤 편차가 컸습니다. 이것은 습관화하는 내용에 따라서 다르며 어려운 과제일수록 많은 시간이 걸린다고 합니다.

'건강을 위해서 아침에 일어나면 물 한 잔 마시기'와 같은 행동은 바로 습관으로 만들 수 있지만 '건강을 위해서 매일 유산소 운동하기'와 같은 행동은 습관으로 만들기까지 시간이 걸리게 됩니다.

제가 가르치는 아이들도 '매일 공부하기'와 같은 행동 과제는 비교적 쉽게 익히지만, '아침에 일찍 일어나기'와 같은 생활 습관을 바꾸기까지는 보다 많은 시간이 필요합니다. '다른 사람과의 승부가 아니라 자신의 성장에 초점 맞추기'처럼 사고의 습관을 바꾸는 일은 더욱 많은 시간이 걸리지요.

그러면 일에 따라서 습관화에 걸리는 시간은 저마다 차이가 있지만 대개 무슨 일이든 2~3개월은 꾸준히 해야 한다고 생각하는 편이 좋습니다. 4장에서 알려주는 습관화의 비결을 사용하여 습관이 몸에 밸 때까지 힘든 시기를 잘 극복합시다.

어려운 일일수록 습관화하는 데 시간이 걸리지만 2~3개월 지속하면 대부분의 행동은 습관화할 수 있다

핵심 포인트

☐ 행동의 습관화는 처음이 가장 힘들지만 한번 속도가 나기 시작하면 쉬워진다

☐ '단순한 행동' → '생활 습관' → '사고의 습관'의 순서로 난이도를 높인다

☐ 습관화하기 위해서는 2~3개월 꾸준히 하는 것이 중요하다

POINT **4-2** '그것을 해서 좋았어'라고
생각되면 또 하고 싶어진다

'다이어트에 성공해서 인기가 많아지면 좋겠어', '꾸준히 공부해서 성적을 올리고 싶어'라는 명확한 목표가 있어도 그것을 이루기 위해 꾸준히 노력하지 않는 사람은 많습니다. 사실 새해에 세우는 신년 목표는 대체로 달성되지 않은 채 끝나버리는 경우가 많지요. 여러분은 어떤 목표가 작심삼일로 끝났나요?

반면에 행동을 습관화하여 꾸준히 하는 사람도 있습니다. 지속하는 사람과 지속하지 못하는 사람의 차이는 무엇일까요? 의지력의 차이일까요?

그렇지 않습니다. 의지력의 차이보다도 크게 다른 점이 있습니다.

그것은 심리학에서 말하는 '즉각적 보상(immediate reward)'이 있는가의 차이입니다. 1-4에서 잠깐 소개한 미국 시카고대학교의 케이틀린 울리(Kaitlin Woolley)과 아옐렛 피시바흐(Ayelet Fishbach)의 연구를 보면 잘 알 수 있습니다.

'바로 얻어지는 즐거움과 가치'가 있으면 계속할 수 있다

그들의 연구에 의하면 '건강개선', '살을 빼서 스키니 바지 입기' 등과 같이 실현되기까지 시간이 걸리는 성과를 점진적 보상(delayed reward)이라고 합니다. 이것은 운동이나 식이요법과 같은 행동을 시작하는 계기는 되지만 그것을 지속하는 원동력은 되지 않는다고 합니다. 따라서 '목표가 있어도 힘이 나질 않아'라는 것은 매우 자연스러운 일이지요.

그러면 지속할 수 있는 사람들은 어떻게 다른지 알아봅시다. 그들은 함께 운동하는 친구를 만들거나 댄서사이즈(dancercise, dance와 exercise의 합성어로 에너지 넘치는 댄스 형태의 유산소 운동)를 열심히 하는 등 바로 얻을 수 있는 즐거움이나 가치(즉각적 보상)가 있었다고 합니다.

이것을 전제로 '공부'를 생각해봅시다. 오늘 숙제를 열심히 하고 나서 그 내용이 시험에 출제되어 성적으로 돌아오기까지 시간이 얼마나 걸릴까요? 꽤 오랜 시간이 걸립니다. 따라서 공부를 습관화할 수 있는 아이가 적은 것도 당연한 일이지요.

그러면 어떻게 하면 좋을까요?

조금 전에 소개한 즉각적 보상을 의식적으로 만드는 것입니다.

앞서 이야기한 연구를 참고하여 '함께 공부할 동료(친구나 가족)를 만들기', '공부가 되는 앱이나 학습용 카드 게임 즐기기' 등은 바로 할 수 있습니다.

게임처럼 즐길 수 있는 '규칙'을 만들면 '성취감'을 얻을 수 있다

그 외에 행동을 측정하여 계획의 진행 상황을 확인하는 것도 효과적입니다.

지금까지 목적을 정하고 그것을 위한 행동 계획을 세웠습니다. 이제부터는 그 계획을 실행할 차례입니다.

이때 진행 상황과 남은 시간을 확인할 수 있으면 공부를 게임처럼 느끼고 즐기는 아이도 많이 있습니다.

공부 친구를 만들어 함께 공부하거나 게임과 같은 공부법을 적용하면 즉각적 보상이 되어 열심히 할 수 있다

게임에도 '수행 미션', '제한 시간', '점수'가 있습니다. 축구나 농구라면 공을 골대에 넣어야 점수를 얻을 수 있고, 야구라면 베이스를 한 바퀴 돌아서 홈에 들어와야 점수를 얻을 수 있습니다.

만약 게임에 제한 시간이 없거나 시합 중 점수가 표시되지 않아서 어느 쪽이 얼마나 이기고 있는지 알 수가 없다면 어떻게 될까요? 당연히 게임이 성립되지 않은 채 흐지부지될 것입니다.

반면에 <u>시간과 점수가 있는 경쟁을 한다면 사칙연산 문제라도 훌륭한 대전 게임이 됩니다.</u> 생각보다 아이들은 사칙연산 문제로 하는 승부를 매우 재미있어합니다.

그리고 혼자서 하는 공부라도 스스로 수행 미션과 제한 시간을 정해서 진행 상황(점수)을 측정하면 훌륭한 게임이 되며, 무사히 시간 안에 미션을 완수한다면 성취감도 느낄 수 있습니다.

"신난다! 미션 성공!"

이때 느끼게 되는 쾌감이 즉각적 보상이 되어 '다음에도 열심히 해야지!'라는 원동력이 됩니다.

성취감을 맛볼 수 있는 구체적인 규칙을 정한다

문제 수나 공부 시간을 목표로 정하는 것뿐만 아니라 '그래프나 문제 풀이를 정성껏 적기'라는 목표를 정해도 좋습니다. 단지 그 경우에는 '어떻게 하면 정성껏 적은 것이 되는지' 객관적인 규칙을 확실히 정해야 합니다.

예를 들어 '공책의 줄을 잘 지켜서 적기', '누가 보더라도 숫자 0과 6의 구별이 확실하게 되도록 적기' 등의 규칙이 있을 수 있습니다. 이것은 체조나 피겨 스케이트에서 'OO 기술은 □점'이라고 정하는 것과 유사한 방식이지요.

이러한 규칙을 정해서 점수화하지 않으면 정성껏 적었는지는 주관적인 의견에 부딪혀 아이와 싸움이 될 수 있으니 객관적인 규칙을 꼭 정합시다.

게임을 즐기기 위해서는 객관적인 규칙이 매우 중요합니다. 정확하게 규칙을 바탕으로 점수를 주고 측정할 수 있으면 게임을 완수했을 때와 마찬가지로 성취감을 맛볼 수 있습니다.

공부하는 방법에 객관적인 규칙을 정하여 그것을 성공했을 때 즉각적 보상으로 성취감을 느끼게 하는 것도 효과적이다

바른 행동을 지속하여 습관으로 만들기 위해서는 즉각적 보상이 굉장히 중요합니다. 즉각적 보상은 완수했을 때 얻게 되는 성취감이 특히 중요합니다.

목표의 설정과 진행 상황은 반드시 확인할 수 있도록 합시다.

핵심 포인트

- ☐ '목표가 있어도 노력하지 않는다'는 것은 일반적인 일이다
- ☐ 바로 얻어지는 즐거움이나 가치(즉각적 보상)를 만든다
- ☐ 행동을 측정하여 계획의 진행 상황을 확인하고 성취감을 맛볼 수 있도록 한다

POINT 4-3 보상을 설정하여 '성취감'을 느끼게 한다

행동을 지속하기 위해서는 즉각적 보상이 필요하다는 것을 알았습니다.

즉각적 보상을 얻기 위해서는 함께 공부하는 친구를 만들거나 공부에 도움이 되는 앱, 학습용 게임 등을 하거나 계획의 진행 상황을 확인하는 방법 등이 효과적이었습니다.

그러면 만일 여러분의 자녀가 이러한 방법에 그다지 흥미를 보이지 않을 때는 어떻게 하면 좋을까요?

그때에는 공부한 직후에 보상을 설정하는 것이 좋은 방법입니다.

제자들의 이야기를 들어도 '공부가 끝난 후에 과자나 용돈 등의 보상이 있으면 의욕이 생겨요'라고 말하는 아이들이 많았습니다.

그렇다고 하더라도 보상으로 아이를 꾀어내어 공부시키는 것에 거부감을 느끼는 분들도 있을 것입니다.

그러나 미국 하버드대학교의 롤랜드 프라이어(Roland Fryer) 교수가 진행한 실험에서도 보상은 아이의 공부에 대한 의욕을 높이고 성적을 높이는 효과가 있다는 것이 증명되었습니다. 그러므로 보상을 효과적으로 활용해 봅시다.

물론 많은 분이 걱정하시는 것처럼 오히려 보상이 공부에 대한 의욕을 잃어버리게 할 수 있다는 것도 분명한 사실입니다.

하지만 의욕을 잃게 되는 것은 한정된 조건을 충족한 상황일 때뿐입니다. 보통 그런 상황은 일어나지 않지요. 더 자세한 내용은 6-2에서 설명하겠습니다.

초등학생 이하의 아이에게는 '본인의 명예가 되는 것'이 효과적이다

그러면 보상으로 무엇을 주면 좋을까요?

초등학생 이하의 아이라면 트로피나 메달처럼 명예가 되는 것이 효과적이라고 합니다. 제가 운영하는 학원에서도 열심히 한 학생에게 메달과 같은 표창을 줍니다.

한편 중고등학생이 되면 트로피나 메달보다도 돈과 같은 금전적인 보상을 해주는 편이 더 효과적이라고 합니다.

보상으로 돈을 주는 것에 심리적인 저항을 느끼는 분도 많으실 것입니다. 그러나 프라이어 교수의 실험에서 실시된 설문조사에 의하면 노력한 결과로 보상을 받은 아이들은 돈을 헛되이 쓰기보다 오히려 오락 등에 사용하는 돈을 줄이고 더욱 합리적으로 돈을 썼다고 합니다.

이 실험은 보상으로 돈을 주었을 때 '용돈 기입장 적기'라는 경제교육을 함께 시행한 것도 하나의 이유겠지만, 노력하여 얻은 경험을 통해서 돈의 소중함을 배울 수 있습니다. 따라서 아이를 공부시키기 위해 보상으로 돈을 주는 것은 교육적인 면에서 오히려 일석이조의 효과를 얻을 수도 있습니다.

보상의 효과는 사람에 따라 다르므로 충분히 이야기를 나눈다

그 외에도 아이들이 갖고 싶은 물건이나 하고 싶은 일이 있으면 그것을 보상으로 주는 것도 좋은 방법입니다. 예를 들어 '학습지 한 권을 끝내면 저녁 메뉴로 먹고 싶은 음식 해주기'와 같은 보상을 해줬더니 '아이가 더 열심히 하게 되었다'라는 이야기를 전해 들은 적이 있습니다. 정말 뿌듯한 이야기이지요.

다만, 텔레비전이나 게임은 양날의 검이 될 수 있으므로 주의해야 합니다. 그 이유는 제한이 쉽게 없어지기 때문이지요. 제대로 규칙을 지킬 때만 적절하게 활용하도록 합시다.

제가 전에 가르쳤던 아이의 이야기입니다. 보상으로 받는 '용돈'에는 전혀 의욕을 보이지 않던 아이에게 '○○을 하면 게임 시간 5분 획득'과 같이 공부를 많이 할수록 게임도 많이 할 수 있는 체계로 보상을 해주었더니 몹시 의욕을 보이며 공부를 많이 하게 되었다는 사례도 있습니다.

하지만 게임을 마치는 시간을 잘 지키지 않아서 문제가 되었다는 사례 역시 많습니다. 신중하게 지켜보고 아이에게 잘 맞는 방법으로 정해야 합니다.

여러분의 가정에서는 어떤 즉각적 보상이 효과적일까요? 다양하게 시도해보세요.

초등학생의 보상은 메달이나 트로피처럼 '본인의 명예'를 상징하는 것이 도움이 된다

자신의 의욕을 스스로 통제할 수 있도록 한다

　최종적인 목표는 아이가 스스로 자신에게 보상을 설정할 수 있게 되는 것입니다. 의욕을 가지기 위해 다른 사람이 주는 보상에 의존하는 상황은 바람직한 상태가 아닙니다.

　자기가 책임지고 자신을 위해 보상을 준비할 수 있게 되면 자기의 의욕도 스스로 조절할 수 있게 됩니다. 우리 아이가 스스로 자신에게 보상을 줄 수 있도록 가르쳐 주고 싶네요.

핵심 포인트

☐ 공부한 직후에 보상을 설정한다

☐ 초등학생은 돈보다도 트로피나 메달이 효과적이다

☐ 아이가 스스로 자신에게 보상을 설정할 수 있게 되는 것이 최종 목표이다.

POINT 4-4　행동과 결과의 연결이 보이면 의욕이 높아진다!

지금까지 즉각적 보상을 활용하여 공부를 습관화할 수 있다는 것을 알았습니다. 그렇다면 다음으로 더욱 공부의 의욕을 높이고 습관을 강화하는 방법에 관해 이야기해봅시다.

공부는 열심히 하고 나서 그 내용이 시험에 출제되어 성적으로 성과를 얻기까지 시간상의 차이가 있습니다. 그로 인하여 결과가 나올 때까지 꾸준히 노력하는 아이가 적은 것이 하나의 문제였습니다.

이것은 즉각적 보상을 활용하면 문제를 해결하고 공부를 꾸준히 할 수 있습니다.

그러나 공부를 지속해도 또 다른 문제가 기다리고 있지요.

그것은 모처럼 열심히 해도 '공부해서 좋았어'라는 보람을 느끼기가 어렵다는 것입니다. 이러한 일이 발생하는 이유는 시간상의 차이로 인하여 행동과 결과 사이의 연결을 알기 어렵기 때문입니다.

'내가 한 일'도 '왜 할 수 있었는지'를 확인한다

이때 중요한 것은 행동과 결과의 연결을 볼 수 있도록 하는 일입니다. 즉 행동을 측정해 나가는 것과 행동에 따른 성과와 자신의 성장을 확인하는 것입니다.

우선은 시험이 끝난 후에 돌아보기를 하는 것입니다.

시험 문제를 복습할 때 풀지 못한 문제는 '교과서나 교재에 유사한 문제가 있는지'를 찾아봅니다. 이것은 그 문제를 풀어서 약점을 없애는 동시에 '이 부분을 공부해 뒀으면 좋았을걸! 다음부터는 이것도 공부해야지!'라고 앞으로의 계획을 세우는 데 참고가 됩니다(혹시 그동안 돌아보기를 하지 않았다면 앞으로는 꼭 합시다!).

그뿐만 아니라 풀었던 문제도 유사한 문제가 어디에 실렸는지를 확인합시다. '이 부분을 공부했기 때문에 시험에서도 풀 수 있었어!'라고 확인한다면 '다음에도 열심히 해야지!'라는 의욕으로 이어집니다.

이것이 매우 중요한 핵심입니다!

돌아보기를 제대로 하지 않으면 모처럼 노력해서 결과를 얻어도 그 연결을 알지 못한 채 지나가 버립니다.

시험이 끝난 후에 돌아보기를 하면 무의식적으로 못 푼 문제를 중심으로 찾아보기 쉽습니다. 이것은 문제를 개선하고자 하는 의식에 의한 것이므로 결코 나쁜 것이 아닙니다.

하지만 동기를 부여하기 위해서는 '풀 수 있는 부분을 보는 것'이 더욱 중요합니다. '좋았던 것을 지속하자'라는 인식을 소중하게 생각합시다.

자연스럽게 보상보다 자신의 성장이 기뻐진다

그리고 자신감을 가지고 계속 공부하다 보면 성적도 차츰 좋아질 것입니다.

이제 노력과 결과의 관계를 잘 알겠지요? 성적의 결과를 보고 자신이 원하는 학교나 목표하는 성적에 얼마만큼 가까워졌는지를 확인해보세요. '공부해서 좋았어!'라는 성취감과 앞으로 더 열심히 하고 싶은 의욕이 생길 것입니다.

시험에서 '풀었던 문제'도 '이 부분을 공부했기 때문에 풀 수 있었어!'라고 확인하는 것이 중요하다. 이것으로 '공부(노력)'와 '결과'의 연결을 실감할 수 있기 때문이다

제가 운영하는 학원에서는 숙제하거나 공부의 기록을 남기는 일기를 쓰면 보상으로 포인트를 받을 수 있는 제도가 있습니다. 그 포인트는 과자나 학용품으로 교환할 수 있습니다. 초등학교 4~5학년 중에는 포인트를 받기 위해 보상을 목적으로 숙제를 하는 아이도 많습니다. 하지만 시간이 지날수록 점점 포인트에 대한 흥미는 약해집니다. 보상보다도 성적을 올리거나 자신이 성장하는 것에 흥미가 생기게 됩니다. 대부분 아이는 포인트와 같은 보상보다도 자신이 문제를 풀 수 있게 되었다는 기쁨에 더 큰 만족을 느끼게 된 것입니다.

이처럼 성과로 이어지는 것을 느끼게 되면 행동 그 자체가 더욱 즐거워집니다. 연결이 잘 보이지 않는 작은 성과도 가능한 아이가 실감할 수 있도록 해줍시다.

핵심 포인트

- [ ] 노력과 성과에는 시간상의 차이가 있으므로 동기부여가 되지 않기 쉽다
- [ ] 시험에서 맞춘 문제도 유사한 문제가 교과서나 교재에 있는지 확인한다
- [ ] 노력이 성과로 이어지는 것을 실감하는 것이 중요하다

즉각적 보상으로 아이들이 변화된 실사례

지난번 학원에서 주최한 학부모 세미나에 참석한 한 아이의 어머님께 다음과 같은 이야기를 전해 들었습니다.

초등학교 4학년인 아들의 이야기입니다. 줄곧 글씨를 예쁘게 못 써서 자신도 글씨를 잘 쓰고 싶다고 생각했던 모양입니다. 학교에서 '올해의 포부'를 작성하라고 했을 때도 '글씨를 반듯하게 잘 쓸 수 있게 되기'라고 적었는데, 그것조차 꽤 삐뚤거리는 글씨였지요.
어느 날 한자 숙제를 하고 있을 때 '병사 병(兵)'이라는 한자만 반듯하게 적혀있었어요.
"어머나, '병사 병(兵)'자를 또박또박 잘 썼네! 혹시 자를 대고 쓴 거야?"
자를 대지 않고 스스로 썼다는 아들의 말에 칭찬해주었습니다.
"정말 잘 썼네! 꼭 예시로 적어 놓은 글자 같아!"
다른 날에는 'Cosmos(코스모스)'의 영어 단어가 또박또박 쓰여있었어요.
"코스모스를 반듯하게 잘 썼네! 이제 영어를 잘 쓰게 되었구나!"
그리고 다음 날 한자 연습 공책을 보니 삐뚤거리는 글씨는 전체의 20% 정도였습니다 (전에는 전체의 95% 정도가 알아볼 수 없었어요).
지금까지 아이에게 '조금 더 또박또박 쓰자'라든가 '줄을 벗어나지 않도록 쓰자'라며 주의해야 할 점만 이야기했다는 사실을 깨닫고 많은 반성을 했습니다.
단 1주일 만에 이러한 성과를 얻다니, 정말 놀랍습니다!
아이에게 '주의'를 주는 것은 잘 통하지 않지만, 칭찬하면 '지금 잘한 건가? 한 번 더 해 봐야지'라고 생각하게 만드는 것 같아요.

정말로 바른 행동을 칭찬하는 일이 즉각적 보상이 되어 지속되는 것을 볼 수 있는 예시였습니다.
'개선점'보다도 '좋았던 행동의 지속'을 중요하게 생각해주세요.

5장

습관화를 '가속화하는 것'과 '방해하는 것'

이 장에서는 좀 더 구체적인 습관화를 가속하기 위한 약간의 비결과 습관화를 방해하는 함정을 알려줍니다. 이것을 아는 것과 모르는 것에 따라서 바른 공부 습관을 몸에 익힐 수 있는지가 크게 바뀝니다.

POINT 5-1 '빈도'가 습관화를 가속화한다

지금까지 행동을 습관화하기 위한 기본적인 방법을 알려드렸습니다.

5장에서는 습관화를 가속하는 핵심과 습관이 무너지기 쉬운 함정을 알려드리겠습니다.

먼저 습관화를 가속할 수 있는 매우 중요한 요소를 소개하겠습니다. 그것은 5-1의 제목에서도 알 수 있듯이 빈도입니다.

우리는 양치질이나 샤워처럼 매일 하는 일에는 심리적인 저항을 크게 느끼지 못합니다. 그에 반해서 가끔 하는 일은 귀찮게 여깁니다.

그것은 공부도 마찬가지이지요. 그래서 매일 공부하는 편이 주 1회 공부하는 것보다 더 수월합니다.

주 4회 이상 헬스장에 다니면 습관화하기 쉽다

습관화에 따른 빈도의 중요성은 캐나다 빅토리아대학교의 연구팀에 의해 확인되었습니다.

이 연구는 새롭게 헬스장을 다니기 시작한 111명의 사람을 대상으로 12주간 동안 헬스장을 꾸준히 다닌 사람과 그렇지 않은 사람의 차이를 관찰하고 조사했습니다. 그 결과 헬스장 다니기를 습관화하는 것에 있어 빈도가 큰 영향을 끼친다는 사실이 밝혀졌습니다. 일주일 동안 헬스장에 가는 횟수가 많을수록 12주가 지나도 꾸준히 헬스장을 다닐 확률이 높았습니다.

특히 주 4회 이상의 빈도로 헬스장을 다니면 헬스장 다니기가 습관이 될 확률이 크게 오른다고 합니다.

빅토리아대학교 연구팀의 조사에서 새롭게 헬스장을 다니기 시작한 사람 중에 주 4회 이상 다녔던 사람은 습관이 될 확률이 높았다. 즉 빈도가 습관화를 가속화한다

앞에서 '사람은 본능적으로 같은 행동을 반복하고 싶어 한다'라고 이야기했는데 그것을 잘 알 수 있는 숫자입니다. 주 7일 중의 절반 이상인 4회를 넘으면 다수결의 힘이 '계속한다'쪽으로 움직인다는 것이지요.

조금씩 매일 공부하면 습관화하기 쉽다

이러한 연구 결과는 제가 아이들을 가르친 경험과도 일치합니다.

일주일에 2번 밖에 수업이 없어서 금방 끝낼 수 있는 분량의 숙제를 가진 초등학교 4학년 아이보다 한 주에 5~6일 정도의 수업을 듣고 매일 많은 양의 숙제를 하게 되는 초등학교 6학년 아이가 '학원이 즐거워', '공부가 재미있어'라고 더 많이 이야기합니다.

사람의 행동은 '재미있어 → 하다'뿐만이 아니라 '하다 → 재밌어진다'라는 관계성도 있습니다.

공부도 주 1일보다 주 4일 하는 편이 습관화하기 쉽다. 습관화하고 싶을 때는 하루 만에 끝낼 수 있는 숙제를 4일로 나눠서 해도 도움이 된다

그렇다면 초등학교 4학년 아이도 숙제가 많지 않다고 해서 한 번에 몰아 단번에 해치우는 방법은 공부 습관을 기르는 데 도움이 되지 않습니다. 매일 할 수 있으면 가장 좋지만, 적어도 주 4일 이상은 조금씩 공부할 수 있도록 하는 것이 공부를 재미있게 꾸준히 할 수 있답니다.

아직 학원에 다니기 전인 저학년 아이라도 매일 반드시 책상에 앉아서 공부하는 습관을 길러두면 좋습니다.

비록 5분에서 10분 정도일지라도 반드시 무언가를 공부할 수 있도록 해주세요.

핵심 포인트

- [ ] 습관화에 관계하는 것은 빈도이다
- [ ] 숙제는 하루에 해치우지 말고 적어도 주 4일 이상 나눠서 조금씩 한다
- [ ] 저학년 아이는 책상에 앉아서 공부하는 습관을 길러두자

POINT 5-2 '내일 해야지'는 바보 같은 생각! 미루는 버릇은 습관화의 가장 큰 적이다

목표를 정하고 그것을 달성하기 위한 행동계획도 세웠습니다. 이제 '해보자!'라며 시작하려고 하는데, 왠지 귀찮아지면서 '조금 이따가 할까?'라고 생각한 적이 여러분도 있지 않나요? 이렇게 미루는 버릇은 습관화의 가장 큰 적입니다.

설령 그동안 쌓아 놓았던 공부를 '청산'하였다고 할지라도 앞에서 소개한 '빈도 높이기'에는 어긋나는 행동이기에 공부를 습관화하는 것으로는 이어지지 않습니다. 장기적으로 보면 한 번에 싹 다해 버리는 작전은 단점이 큽니다. 더욱이 쌓아 놓은 공부를 전부 해결하지 못하면 차마 눈 뜨고 볼 수 없을 정도로 심각한 상황이 될 수도 있습니다.

그러나 많은 아이가 그러한 실패를 경험합니다.

게다가 몇 번이나 같은 실패를 반복하지요.

"내일이야말로 열심히 해야지! 그러니까 오늘은 그만큼 신나게 놀자!"

이렇게 반복되지요.

왜 이러한 실패를 하는 걸까요?

그 이유는 '앞일을 낙관적으로 생각'하는 사람의 습성 때문입니다.

우리는 미래에 대해 낙천적으로 생각하기 쉽다

미국 위스콘신대학교의 심리학자 로빈 태너(Robin J. Tanner)교수와 듀크대학교의 커트 칼슨(Kurt A. Carlson)교수는 다음과 같은 실험을 했습니다.

그들은 실험참가자를 두 개의 집단으로 나누어 한 집단에 다음의 질문을 했습니다.

"다음 달에는 주 몇 회 정도 운동할 계획이신가요?"

그리고 다른 집단에는 단어를 조금 바꿔서 이렇게 질문했습니다.

"이상적으로 다음 달에는 주 몇 회 정도 운동할 계획이신가요?"

그 결과 뜻밖에도 두 집단의 답변에는 차이가 없었습니다. 오히려 '현실적으로 생각해서 답변해주세요'라는 질문을 받은 참가자들 또한 낙관적으로 예측하고 답했습니다.

우리는 앞일을 생각할 때 '분명 지금보다도 시간에 여유가 더 많을 거야'라고 생각하기 쉽습니다. 이것은 숨길 필요도 없이 저 자신에게도 해당하는 일이지요. 해마다 '분명 내년이 되면 조금 더 일이 편해질 거야'라고 기대하게 됩니다.

이러한 성질 때문에 '지금은 하고 싶지 않은 일도 나중에는 분명 의욕이 생길 거야'라고 생각해 버리는 듯합니다.

그 후에 실험참가자들에게 실제로 운동한 횟수를 조사한 결과, 아니나 다를까 참가자들이 처음에 예상했던 횟수보다 훨씬 적었습니다. 그리고 연구자들은 같은 참가자들에게 다시 질문을 했습니다.

"앞으로 2주 동안에 몇 번을 운동할 계획이신가요?"

그러자 참가자들은 예상만큼 되지 않았던 결과를 만회하려고 했는지 더욱 많은 횟수를 대답했습니다. 물론 예상한 횟수만큼 될 리가 없습니다만……. 목표는 '달성 가능한 것으로 정해야 한다'라고 이미 앞에서 이야기했습니다.

'매일 같은 행동하기'를 규칙으로 만든다

그러나 초등학생 중에서도 이런 아이가 많은 것이 현실입니다. 깜빡 잊고 안 한 숙제를 '다음 주까지 하겠습니다'라고 말해놓고 정말로 해 온 아이는 거의 본 적이 없습니다.

이처럼 미루는 습관은 어떻게 하면 고칠 수 있을까요?

그 방법은 '매일 같은 행동 하기'를 규칙으로 만드는 것입니다.

하다가 안 하다가 하는 불규칙한 행동을 줄이고 매일 일정한 행동을 반복하는 것이 미루는 버릇을 고치는 데 매우 효과적입니다.

오늘 1시간 더 공부하면 내일도 모레도 그다음 날도 1시간 더 공부할 수 있습니다. 그 연결을 의식시키면 오랜 시간이 쌓였을 때 얼마나 차이가 나는지를 의식하게 됩니다. 그렇게 그 1시간의 중요성을 깨닫게 되는 것입니다.

제가 운영하는 학원에서도 매주 조회 시간에 학습기록으로 일주일 분량의 학습 시간을 확인하고 있습니다. 초등학교 6학년이 되면 중학 입시까지 남은 시간을 계산하면 공부할 수 있는 시간이 얼마나 남았는지 확인할 수 있습니다. 남은 시간은 날마다 줄어드는 것이 기본 원리이지만 하루의 공부 시간을 늘리면 총 남는 시간도 늘릴 수 있습니다.

매일 일정하게 공부(행동)를 하는 것을 규칙으로 만든다. 게다가 그렇게 쌓인 시간이 어느 정도 되는지를 확인하게 되면 매일 공부하는 것의 가치를 알 수 있다

이것은 아이들에게도 좋은 자극이 된다고 합니다.

수험생이 아닌 학생은 공부 외에도 배우는 것들이 있을 수 있기에 매일 일정한 진행 속도로 공부하는 것이 어려울 수도 있습니다. 그러나 되도록 '내일도 비슷한 양을 공부한다'라는 의식을 가질 수 있게 해주세요.

그러면 어느 순간 '습관의 힘'이 일하기 시작할 것입니다.

핵심 포인트

- [ ] 미루는 버릇은 습관화의 가장 큰 적이다
- [ ] '매일 같은 행동 하기'를 규칙으로 만든다
- [ ] 일주일 분량의 학습 시간을 확인하여 인식하게 한다

POINT **5-3** 열심히 한 뒤에는
게으름 피우고 싶은 마음의 법칙

아이가 열심히 공부하는 모습을 바라보며 흐뭇해했는데 다음 날이 되면 그 반작용으로 평상시보다 아이는 늘어져 버립니다. 열심히 한 만큼 농땡이를 부리거나 오히려 더 게을러져 버리지요. 이렇게 맥이 탁 풀리는 경험을 한 적 있나요? 저는 학생들을 지도하고 있어서 몇 번이나 있습니다.

그러나 이것은 결코 여러분의 자녀나 우리 학원 학생들만의 안타까운 문제는 아닙니다. '사람'에게는 목표를 향해 나아가면 오히려 목표에서 멀어지려는 성질이 있기 때문입니다. 이러한 현상을 심리학에서는 '도덕적 면허(moral self-licensing)(착한 일을 많이 했기 때문에 약간의 나쁜 행동은 괜찮다고 생각하는 현상)'라고 합니다.

사람은 좋은 일을 하면 기분이 좋습니다. 그리고 대부분은 '조금은 나쁜 일을 해도 괜찮아'라고 생각하게 됩니다.

이러한 마음 또한 습관화의 가장 큰 적입니다.

우리는 성과를 내면 게으름 피우고 싶은 마음이 있다

이러한 습성은 실험을 통해서도 확인되었습니다.

미국 시카고 대학교 경영대학원의 아옐렛 피시바흐(Ayelet Fishbach)와 예일대학교 경영대학원의 라비 다르(Ravi Dhar)는 다이어트 중인 사람들을 대상으로 사람의 의지력을 시험하는 실험을 하였습니다.

우선 다이어트가 순조롭게 이루어지고 있는 참가자들을 모아서 면담하였습니다. 그리고 참가자들에게 보상으로 '사과나 초콜릿바 중 희망하는 것을 주겠다'라고 이야기했습니다. 그때 일부 참가자들만 '각자 자신의 희망 체중에 얼마나 가까워졌는지'를 함께 확인했습니다.

그 결과 다이어트의 진척 상황을 확인한 참가자는 85%가 사과가 아닌 초콜릿바를 골랐습니다. 하지만 진척 상황을 확인하지 않은 집단은 58%만이 초콜릿바를 선택했습니다.

'어느 쪽 집단이든 초콜릿바를 고른 사람이 많다'는 사실에 사람의 약한 의지를 느낍니다만, 진척 상황을 확인하면 자기 자신에게 너그러워지는 사람들이 더 많이 늘어난다는 것을 알 수 있습니다.

일이 순조롭게 진행되면 동기가 높아지는 것이 아니라 오히려 제동이 걸리는 것은 너무 안타까운 일입니다.

학업과 관련한 다른 실험에서도 유사한 결과를 볼 수 있습니다. 시험공부를 몇 시간 했는지를 확인한 학생은 그날 밤 친구와 놀러 나갈 확률이 더 높다는 실험 결과가 있습니다.

그럼 어떻게 하면 도덕적 면허의 함정에 빠지지 않고 지나갈 수 있을까요?

목표를 재확인하여 방심하지 않도록 한다

그 방법은 목표를 재확인하는 것입니다.

중국 홍콩과학기술대학교(HKUST)와 미국 시카고대학교의 연구에 의하면, 학생들에게 유혹에 넘어지지 않고 참아 낸 경험을 생각하게 했을 때 '도덕적 면허 효과'가 발생하여 70%의 학생이 자신에게 너그러운 행동을 취했습니다.

그러나 학생들에게 '왜 유혹에 넘어지지 않았는가?'의 이유를 질문했을 때 '도덕적 면허 효과'는 크게 보이지 않았으며 유혹에 빠진 학생은 41%로 많이 감소하였습니다.

아주 사소한 행동이지만 목표를 생각해 내는 것은 큰 힘이 있습니다.

아이들도 목표를 가지고 마음을 굳건하게 잡아 노력할 때가 있습니다. 제가 가르치는 중학 입시 대비반 학생은 그렇지 않아도 학원에서 오랜 시간 공부하고 있습니다. 이것만으로도 아이들에게는 힘든 일이지요. 더욱이 학원을 마치고 집에 가서도 복습하고 숙제까지 한다니! 정말 노력이 대단하지 않나요?

열심히 한 후에는 분명 마음속에 '열심히 했으니까 보상으로 조금은 놀아도(텔레비전? 게임?) 괜찮겠지'라는 생각이 슬며시 피어납니다.

이런 유혹에 귀를 기울이게 되면 모처럼의 노력을 물거품으로 만들 수도 있습니다.

그러므로 아이가 '열심히 하고 있구나'라는 생각이 든다면 잠깐 멈춰 서게 하여 '왜 자신이 열심히 하고 있는가?'의 이유를 생각하게 합시다. 부모와 자녀 간에 목표를 재확인하는 것입니다.

그렇게 하면 분명 도덕적 면허로 발생하는 반작용적인 행동을 억제할 수 있습니다.

지금까지 노력해 온 이유를 떠올려서 '여기서 유혹에 넘어지면 그동안의 모든 노력이 물거품이 된다'라고 생각하며 목표를 향해 열심히 하는 의미를 되새길 수 있다

핵심 포인트

☐ 사람은 자신의 성장을 확인하면 자신에게 너그러워지고 싶어진다

☐ 자신의 목표를 생각해 내어 재확인한다

☐ '왜 자신이 열심히 했는가?'의 이유를 생각한다

POINT 5-4 실패하여 '될 대로 대라'는 식의 태도를 막는 방법

앞에서 '열심히 한 후에는 빈둥거리고 싶어진다'라고 이야기했습니다. 이번에는 반대의 패턴을 이야기해봅시다.

열심히 한 후에는 마음이 해이해지면서 빈둥거리고 싶어집니다. 그러면 실패한 후에는 마음을 다잡고 상황을 되돌리기 위해 노력하게 될까요?

안타깝게도 그렇게 되지 않는 것이 사람의 나쁜 성질입니다.

우리는 실패하면 '자포자기'할 때가 있다

사람은 실패하면 풀이 죽고 죄책감을 느낍니다. 그리고 실패를 만회하기 위해서 노력하기는커녕 그 불쾌한 기분을 풀기 위해서 더 나쁜 행동을 하게 됩니다.

다이어트에 실패한 사람은 기분전환을 위해 '폭식'을 하고 금주에 실패한 사람은 기분전환을 하기 위해 '폭음'을 하며 절약에 실패한 사람은 기분전환을 위해 '사치'에 빠집니다.

"이번에는 이미 목표를 이루기는 틀렸어! 에라 모르겠다. 마음껏 즐겨보자!"라고 생각해 버리는 것이지요.

이것은 심리학에서 '에라이 효과(The What-the-hell Effect)'라고 합니다.

여러분도 지금까지 자신의 행동 중에서 마음에 걸리는 일은 없나요?

이러한 악순환은 아이들이 공부할 때도 물론 발생합니다.

예를 들어 봅시다.

- 텔레비전을 너무 오랫동안 봤다 → 숙제가 끝나지를 않는다 → 어차피 전부 다 하는 것은 무리니깐 이번에는 하지 말자! 즐기자! → 텔레비전을 더 본다
- 게임을 많이 해서 공부의 진도가 나가지를 않는다 → 시험 점수가 좋지 않다 → 침울해진다 → 기분전환을 위해 게임을 하며 회피한다

숙제가 아직 많이 남아 있어도 성적이 떨어지지 않기 위해서는 전혀 안 하는 것보다 절반이든 3분의 1이든 하는 편이 좋다는 것은 뻔

한 이야기이지요.

그런데도 전부 내팽개치고 다른 것을 하고 싶어집니다. 이러한 성질은 우리의 큰 적입니다.

공부를 습관화하기 위해 열중할 때도 마찬가지입니다.

목표대로 행동이 안 될 때 '오늘은 무리야! 이왕이면 즐기자!'라고 생각하는 것과 '할 수 있는 범위에서 하자'라고 생각하는 것은 큰 차이가 납니다.

'실패한 자신을 용서하는 것'이 중요하다

그러면 어떻게 해야 '에라이 효과'를 막을 수 있을까요?

그 방법은 '자신을 향한 친절(자기 자비, self-compassion)'을 갖는 것입니다.

실패하여 주눅이 들거나 부끄러워하는 마음은 '에라이 효과'의 원인이기에 그러한 부정적인 감정을 떨쳐버리는 것이 문제해결에는 효과적입니다.

실패한 일에 다정한 마음을 가지고 돌아보는 것이 엄격한 잣대를 들이대어 평가하는 것보다 '실패의 책임은 자신에게 있었다'라고 쉽게 인정할 수 있습니다.

또한 자기 자비를 갖고 돌아보는 것은 다른 사람의 의견이나 조언에 스스로 먼저 귀를 기울이게 되고 실패의 경험을 통해 배우는 것도 많아집니다.

캐나다 오타와에 있는 칼턴대학교의 연구팀은 1학년생 191명을 대상으로 조사를 하였습니다. 이 조사는 학생들이 시험공부를 게으름 피우며 차일피일 미루는 모습을 학기 동안 기록했습니다. 첫 시험에서는 많은 학생이 시험 직전까지 공부를 시작하지 않았습니다. 이 학생들은 시험에서 쓴맛을 보았을 것입니다.

그리고 이 실패를 근거로 학생들이 학습 습관을 어떻게 개선하는지를 관찰했습니다.

그 결과 첫 시험에서 직전까지 공부하지 않았던 것에 대해서 자신에게 관대했던 학생일수록 다음 시험에서는 준비를 미루는 것이 줄어들었습니다. 반면에 첫 시험 준비에 실패하여 자신을 탓한 학생일수록 다음 시험에서도 실패를 반복했다고 합니다.

자신을 다정하게 대하는 것의 중요성을 엿볼 수 있습니다.

실패했을 때 자기를 가장 몰아붙이는 것은 자신이다. 자기가 자신을 용서하지 않으면 결국에는 궁지에 몰려 '에라이 나도 모르겠다!'라고 자포자기할 것이다

죄책감을 가진 사람을 비난하기보다 따뜻하게 격려한다

부모나 교사 등의 주변 사람들은 어떻게 하면 좋을까요?

그것은 '칭찬의 말'이나 '격려의 말'을 하는 것입니다. 이러한 다정한 말이 가지는 힘을 잘 보여주는 연구가 있습니다.

미국 루이지애나 주립대학교의 클레어 애덤스(Claire Adams) 교수와 듀크대학교의 마크 리어리(Mark R. Leary) 교수는 다이어트 중인 여성을 대상으로 실험했습니다.

실험 방법을 소개합니다.

먼저 다이어트 중인 젊은 여성들을 연구실로 불렀습니다. 그리고 '음식이 기분에 미치는 영향의 조사'라는 명목으로 도넛을 먹게 했습니다. 게다가 물 한 잔을 마시게 하여 만복감을 주어 '너무 많이 먹었다'라는 느낌을 주고 죄책감을 불러일으켰습니다. 그리고 여성들에게 설문지를 배부하여 '기분이 어떤지'를 작성하게 했습니다.

이제부터가 본 실험입니다.

이번에는 '과자 시식'이라는 명목으로 많은 종류의 과자를 먹게 했습니다. 실제 이 실험은 '시식에 협력한다'라는 변명을 할 수 있는 상황 속에서 피험자가 얼마나 의지력을 발휘하여 적은 양만 먹고 참을 수 있는지를 관찰하는 것이었습니다. 도넛을 배불리 먹었다는 사실에 죄책감을 느낀다면 분명 과식해 버릴 것입니다.

이때 실험 담당자가 한 집단의 여성들에게 다음과 같이 다정한 말을 건넸습니다.

"도넛을 먹어서 죄책감을 느끼는 분들이 계시는 것 같은데 자책하지 마세요. 이 연구에서는 모든 사람이 도넛을 먹고 있습니다. 이 정도 양은 먹어도 괜찮을 것 같아요."

반면 다른 집단의 여성들에게는 어떠한 말도 하지 않았습니다.

그리고 '시식'이라는 이름의 실험이 끝난 후 실험 담당자는 과자가 담긴 그릇의 무게를 재어 각 참가자가 얼마나 과자를 먹었는지 계산했습니다.

그 결과, 자신에게 관대할 수 있도록 감싸주지 않았던 여성들은 한 사람당 70g 가깝게 과자를 먹었습니다. 한편 다정한 말을 들은 여성이 먹은 과자의 양은 거의 28g이었습니다(초콜릿 한 조각이 7g 정도입니다).

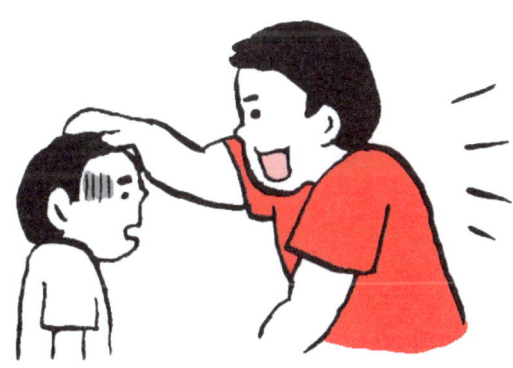

아이가 실패했을 때는 내버려 두거나 몰아세우지 않고 다정한 말로 격려하며 활력을 심어주자

도넛을 먹었다는 죄책감은 실험참가자들을 '폭식'을 하게 만들었지만, 다정한 말로 죄책감에서 벗어난 참가자들은 자제심을 되찾을 수 있었습니다.

  바른 행동으로 이끌기 위해서는 차갑게 몰아세우기보다도 따뜻하게 격려하는 것이 중요합니다.

  아이들은 매일 크고 작은 많은 목표를 향하여 도전하고 있습니다. 때로는 그것을 달성하지 못할 때도 있지요. 그럴 때 여러분은 자녀에게 어떤 말을 건네시겠습니까?

핵심 포인트

- [ ] 사람은 실패하면 '에라이 효과'가 일어나기 쉽다
- [ ] 의기소침해지거나 부끄러워하는 부정적인 감정을 털어 버린다
- [ ] 아이가 실패하면 죄책감을 느끼기 때문에 몰아세우기보다 다정한 말로 격려한다

POINT 5-5 감정을 통제하면 습관화를 실현할 수 있다

5-3과 5-4에서 잘하면 신이 나서 함정에 빠지기 쉽고, 실패하면 의기소침해져서 또 다른 함정에 빠질 수 있다는 것을 보았습니다. 그야말로 '설상가상'입니다.

성공에는 감정 통제가 매우 중요합니다.

그러나 감정의 기복을 줄이고 평정심을 유지하는 것 이외에 감정 통제를 위해 주의해야 할 점은 무엇이 있을까요?

지금부터 그것에 대해 알아봅시다.

'감사'나 '배려'의 감정이 자기 통제력을 높인다

최근 한 연구에서 자기 통제력을 높이기 위해서는 '감사'나 '배려'와 같은 감정을 가지는 것이 효과적으로 나타났습니다.

자기 통제력을 높이는 힘이 '감사'나 '배려'와 같은 감정에 있는 이유는 타인과의 협력에 관련한 감정이기 때문입니다.

우리의 조상들은 무리 속에서 서로 협력함으로써 사람보다도 훨씬 강한 다른 생물들이 많이 있던 환경에서 살아남을 수 있었습니다. 즉 우리가 서로 협력하는 체계를 잘 작동하지 못했다면 인류는 살아남을 수 없었을 것입니다.

구성원과 협력하려면 자기 앞에 놓인 욕구를 참는 능력이 필요합니다. 자신이 배가 고프다고 하여 구성원의 음식에 마음대로 손을 대는 사람은 무리에서 쫓겨나 죽게 되지요. 반면 '감사'나 '배려'의 감정을 가지고 구성원을 위해 자기의 욕구를 참는 사람들은 서로 도와가며 가혹한 환경을 이겨낼 수 있었습니다.

이렇게 협력하는 능력을 지닌 사람들이 우리의 조상들이므로 자손인 우리에게도 그 능력이 이어져 오고 있습니다.

'감사한 일 적기'의 효과

미국 캘리포니아대학교 리버사이드 캠퍼스의 연구팀은 '과거에 있었던 감사한 일'을 적은 실험참가자들이 '과거에 있었던 일상적인 하루', '과거에 있었던 행복한 일'을 적은 실험참가자들보다 자기 통제력이 높아지고 앞에 놓인 욕구를 잘 참아냈습니다(6-1에서 자세하게 이야기하겠습니다).

이 방법은 간단하지만, 효과는 매우 큽니다. 여러분의 가정에서도 부모와 자녀가 함께 '감사한 일'을 적어 봅시다. 일주일에 한 번이라도 충분한 효과를 볼 수 있을 것입니다. 하루에 하나씩 또는 한 주에 세 개씩 감사한 일을 찾아봅시다.

매일 적는 것이 어렵다면 일주일에 한 번이라도 괜찮으니 '감사한 일'을 적어 보자

핵심 포인트

- [ ] 자기 통제력을 높이기 위해서는 '감사'나 '배려'의 감정을 가진다
- [ ] 서로 협력하는 조상들에게 물려받은 능력을 회복한다
- [ ] 부모와 자녀가 함께 '감사한 일 적기'를 주 1회 한다

POINT 5-6 친구의 도움을 빌리면 계속할 수 있는 이유

5장의 마지막은 행동을 습관화하기 위한 매우 강력한 방법의 하나를 소개하겠습니다. 그것은 5-6의 제목이기도 한 '친구의 도움을 빌리는 것'입니다.

몇 년 전 저는 건강을 위해 헬스장을 다니기로 하였습니다. 그러나 바로 빠지기 시작하면서 좀처럼 꾸준히 다닐 수 없었습니다. 마침 그때 지인이 아프다는 이야기를 들었습니다. 그때

저는 지인에게 함께 헬스장을 다니자고 권유했습니다.

"매주 수요일은 헬스의 날이야!"라는 약속을 하고 함께 다니게 되었습니다. 그러자 안정적으로 꾸준히 다닐 수 있게 되었습니다. '오늘은 가기 싫다…'라는 기분이 들어도 '하지만 함께 다니자고 약속했으니까'라는 이유가 있어서 헬스장에 안 갈 수가 없었습니다.

그리고 공부도 운동도 마찬가지이지만, 대부분은 막상 시작하면 기분이 좋아져서 '그래도 하니깐 좋네!'라고 생각하지요. 누군가와 함께 열심히 하면 행동을 지속하는데 큰 효과를 얻을 수 있다는 것을 실감하게 되었습니다.

혼자보다 팀으로 함께하면 1.5배 이상 헬스장에 다니게 된다

이렇게 동료의 존재가 버팀목이 되어주는 것은 많은 사람에게 공통되는 일인 듯합니다.

예를 들어 봅시다. 미국 웨스트체스터대학교의 연구팀이 학생을 대상으로 실험했습니다. 이 실험은 다양한 조건을 그룹마다 설정하고 그룹들을 비교하여 '헬스장을 다니는 횟수가 어떤 조건에서 얼마나 증가하는지'를 조사했습니다.

- 보상으로 유혹하기: 1회 30분, 주 3회 이상 운동을 하면 80달러 금액의 상품권 카드를 받을 수 있는 추첨의 대상이 된다.
- 팀으로 하기: 무작위로 파트너를 선정하여 자신과 파트너가 운동 목표를 달성했을 때만 추첨의 대상이 된다.
- 경쟁하기: 한 주의 중반이 되면 다른 사람들의 달성 상황이 매일로 전해져 운동하도록 부추긴다. 자기의 목표를 달성하면 추첨의 대상이 된다.

이러한 조건을 설정하였더니 '보상으로 유혹하기'나 '경쟁하기'도 모두 효과를 보였지만 매우 큰 효과를 보인 것은 '팀'을 만들어 함께 운동하는 친구를 만드는 것이었습니다. 함께 운동하는 친구가 있으면 혼자서 운동하는 것보다 1.5배나 더 많이 헬스장에 나갔다고 합니다.

인내해야 하는 일도 팀으로 하는 것이 성공률을 높인다

이 실험은 헬스장 다니기라는 '해야 할 일을 하는 것'에 동료의 존재가 미치는 영향을 조사한 것이지만 '하지 말아야 할 일을 참는 것'의 영향을 알아본 실험도 있습니다.

독일 막스 플랑크 진화인류학 연구소는 마시멜로 실험을 응용하여 실험하였습니다.

이 실험은 아이들을 2인 1조로 짝을 이루게 하였습니다. 그리고 함께 놀며 친해지게 한 후 절반의 아이에게는 일반적인 마시멜로 실험을 하였습니다. "지금 과자를 먹지 않고 참는다면 잠시 후에 하나 더 줄게"라고 말했습니다. 남은 절반의 아이는 팀으로 실험에 참여하게 하였습니다. "너와 옆방에 있는 친구가 먹지 않고 참는다면 두 명 모두 하나 더 줄게"라고 말했습니다.

문화에 따른 차이가 있는지를 확인하기 위해서 독일과 케냐 두 곳에서 실험을 진행했습니다. 그 결과, 양쪽 모두의 문화에서 팀으로 실험에 참여한 집단이 끝까지 참아내어 성공하는 아이가 많았습니다.

함께 공부할 친구를 만든 아이는 공부 시간이 증가하였다

'대학생'과 '어린아이', '운동하기'와 '과자 참기'는 전혀 다른 상황이지만 어느 쪽이든지 '사람은 함께하는 동료가 있으면 열심히 한다'라는 사실은 공통된 것입니다.

이러한 면에서 생각하면 초등학생 아이의 공부 습관 만들기나 텔레비전이나 게임의 유혹을 이겨내기에도 동료와 함께 몰두하는 작전은 큰 효과를 나타낼 것입니다.

사람은 함께할 동료가 있으면 열심히 할 수 있고 인내도 할 수 있다. 학교나 학원에서 같이 열심히 공부할 공부 친구를 만들면 공부 시간도 늘어나고 성적도 오르기 쉽다

실제로 제가 운영하는 학원에서도 함께 공부하는 친구를 만든 아이는 공부 시간을 늘리는 것에 성공했습니다.

 타인을 위해 열심히 하는 능력은 사람이 가진 멋진 특성이지요. 부모와 자녀 또는 친구끼리 함께 노력하는 팀을 만듭시다.

핵심 포인트

☐ 누군가와 함께 열심히 하면 지속하는데 큰 효과를 나타낸다

☐ 문화를 불문하고 팀을 이루면 참는 것에 성공하는 아이가 늘어난다

☐ 함께 공부하는 친구를 만든 아이는 공부 시간을 늘릴 수 있다

최후의 장벽은 매너리즘의 타파

저도 이 책의 비법을 사용하여 습관을 조절하고 있지만, 중장기적으로 좋은 습관을 만드는 것은 간단하지만 '영원히 지속하는 것은 어렵구나'라고 느끼고 있습니다.

운동 습관을 예를 들어 봅시다. 지금까지 근육운동 습관이나 조깅 습관 등을 만들면 잠깐은 꾸준히 하지만, 점점 지겨워져서 그만두는 일을 반복하고 있습니다. 또한 문득 생각나서 다시 시작하여도 몇 개월간은 유지하지만 조금 있으면 또 그만두게 됩니다.

'작심삼일로 끝나는 게 아니라 몇 개월간 유지하는 것도 대단한 거야!'라고 긍정적으로 받아들이려고는 하지요. 그러나 이러한 '기복'이 생기는 것에 어려움을 느끼게 됩니다.

이것은 저에게만 해당하는 이야기가 아니라 많은 사람이 부딪치게 되는 벽인 것 같습니다. '습관적으로 하는 일은 감정의 기복이 작아진다'라는 연구도 있습니다. 즉 매너리즘에 젖어 버리는 것입니다.

해야 할 일에 괴로움이나 고통을 느끼지 않게 되지만 기쁨이나 성취감 역시 느끼기 어려워집니다. 해야 할 일에서 도망치고 싶은 것은 아니지만, 일부러 하고 싶다는 마음도 들지 않는 그런 상태가 되어 버린 것이지요.

그래서 저는 한동안 운동을 하지 않게 되어 몸무게가 늘어났습니다. 언젠가 '해야 할 이유'가 생겼을 때 의욕이 다시 발동되겠지요.

습관을 끊지 않고 영속적인 레벨까지 갖고 가고 싶다면 매너리즘 타파를 위한 전략을 세웁시다. 예를 들어 '모의시험을 본다'라든가 '시합에 나간다' 등과 같은 목표를 세우는 것은 좋습니다. 저도 마라톤이라도 나가볼까요?

6장

우리 아이의 습관 만들기를 도와주는 부모의 마음가짐

6장에서는 아이의 습관 만들기를 도와주는 부모의 마음가짐을 이야기하겠습니다. 무언가를 하라는 말을 들으면 하고 싶지 않은 것이 사람의 마음입니다. 부모가 열성적이면 아이들은 점점 심드렁해지지요. 적당한 거리를 가지면서 아이를 도우며 성공으로 이끌어주는 부모의 마음가짐과 그 방법을 꼭 알아두시기를 바랍니다.

POINT 6-1 목표가 멀리 있을수록 그 목표의 가치는 더 낮게 느껴진다

지금까지 공부를 습관화하기 위한 기술을 전체적으로 살펴보았습니다. 마지막 장인 6장에서는 아이가 습관을 만들 수 있도록 도와주기 위한 부모의 마음가짐을 이야기하고자 합니다.

먼저 첫 번째 마음가짐은 '아이가 멀리 있는 목표를 위해 열심히 하지 않는 것은 당연한 일이다'라는 것입니다.

'아이가 먼저 중학교 입시를 준비하고 싶다고 말해놓고서는 전혀 공부하지를 않네요'

'가고 싶은 학교가 있다면서 행동으로 실천하지는 않네요'

이러한 고민은 중학 입시를 준비하는 가정이라면 공통으로 자주 발생하는 일일 것입니다. 특목고 입시나 대학 입시도 많은 적든 간에 비슷할 것입니다.

그 이유는 사람은 시간적으로 멀리 떨어져 있는 것은 그 가치가 낮게 느껴지기 때문입니다. 이러한 현상을 심리학에서는 시점 할인(temporal discounting)(미래의 어떤 보상을 받을 수 있는 시점이 멀어질수록 그 보상의 가치가 떨어지는 현상)이라고 합니다.

지금 당장 1,000만 원을 받을 것인가? 5년 후에 2,000만 원을 받을 것인가?

예를 들어봅시다. 지금 당장 받을 수 있는 1,000만 원과 5년 후에 받을 수 있는 2,000만 원이 있다면 여러분은 어느 쪽을 선택하겠습니까? 많은 사람이 5년 후에 2,000만 원을 받는 것보다도 지금 당장 1,000만 원을 받는 것을 선호하였습니다. 즉 이것은 '5년 후의 2,000만 원'의 가치가 '지금 당장의 1,000만 원'보다 더 낮은 가치로 여겨진다는 것입니다.

'5년 후의 2,000만 원'과 '지금 당장의 1,000만 원' 중에는 많은 사람이 1,000만 원을 선택하겠지만, 지금 바로 받을 수 있는 돈이 '800만 원'이라면 어느 쪽을 선택하게 될까요? 이것을 놓고 고민하게 된다면 5년 후의 2,000만 원의 가치는 1,200만 원이나 떨어지는 것을 의미합니다. 즉 60% 할인된 것이지요.

아이들에게도 물어보니 '5년 후의 2,000만 원'과 '지금 당장의 1,000만 원' 중에 선택해야 한다면 1,000만 원을 고르겠다고 답한 아이들이 많았습니다. 그렇다면 '3년 후의 2,000만 원'이라면 어떨까요? 아니면 '1년 후의 2,000만 원'이라면? 혹은 '반년 후의 2,000만 원'이라면 어떨까요? 기다릴 수 있는 시간의 길이는 아이들에 따라서 다양했습니다. 즉 사람에 따라서 할인율에는 차이가 있는 듯합니다.

돈과 마찬가지로 '지금 당장 30분 게임을 하는 것과 이번 일요일에 1시간 게임을 하는 것 중 어느 쪽으로 할래?'라고 아이에게 물으면 아이들은 망설입니다. '지금'이 토요일이면 기다릴지도 모르겠네요. 하지만 목요일이라면 어떨까요? 아마 월요일이라면 기다리기 힘들 수도 있겠습니다. 이것 역시 기다릴 수 있는 시간은 개인에 따라서 차이가 있습니다.

다만 여기서 이야기할 수 있는 것은 '시점 할인'은 사람의 습성이며 '많든지 적든지 있는 것이 보통'이라는 것입니다.

아이들의 마음속에서는 '미래의 시험 합격'과 '지금 하고 싶은 게임이나 텔레비전'도 마찬가지로 저울질하고 있습니다. 시험이 아직 먼 미래의 일일수록 '시험 합격'의 가치는 떨어지기에 낮은 가치로 느껴집니다.

아이의 1년은 어른의 1년보다 더 길다

그리고 이러한 시점 할인을 더욱 촉진하는 것이 아이의 시간 감각입니다. "어른이 되니 시간이 정말 빨리 가"라고 말하는 사람이 많습니다. 여러분도 느껴본 적 있으시지요?

어른에게 일 년이라는 시간은 눈 깜짝할 사이지만 아이에게는 끝없이 긴 시간입니다. 분명 아이는 어른보다 시점 할인이 강하게 작용할 것입니다.

그러므로 아이가 먼 미래의 꿈을 위해 열심히 하는 일은 어른보다 더 큰 노력이 필요합니다. '○○에 합격하고 싶어'라고 말하면서도 행동으로 옮기지 않는 아이. 이것은 아이에게 문제가 있거나 이상한 일이 아닙니다. 4-2에서 이야기했듯이 '즉각적 보상'을 제대로 준비하여 먼 미래의 꿈이 아닌 눈앞의 기쁘고 즐거운 일을 위해 힘을 낼 수 있게 도와줍시다.

덧붙여 말하면 5-5에서 '감사의 감정은 눈앞의 유혹에 달려들기 어렵게 하는 효과가 있다'라고 이야기한 것을 기억하시나요? 이러한 효과를 시점 할인을 사용하여 확인했습니다.

아이의 1년은 어른보다 길다. 눈앞에 기쁜 일이나 신나는 일이 있도록 즉각적 보상(공부 친구, 게임, 성취감 등)을 준비하자

이 연구에서는 실험참가자인 75명의 학생을 세 개의 집단으로 나누었습니다. 첫 번째 집단은 '과거에 있었던 일상적인 하루', 두 번째 집단은 '과거에 있었던 감사한 일', 세 번째 집단은 '과거에 있었던 행복한 일'을 적게 하였습니다.

그리고 학생들에게 '지금 50달러를 받는 것과 1년 후에 100달러를 받는 것 중 어느 쪽을 선택하겠는가?'를 질문하고 1년 후의 100달러의 가치와 같게 느껴지는 지금 당장 받을 금액은 얼마인지를 확인하였습니다.

그 결과 '과거에 있었던 일상적인 하루'를 적은 집단의 학생은 1년 후의 100달러는 지금의 17달러 정도의 가치로 느껴진다고 하였고 '과거에 있었던 행복한 일'을 적은 집단은 18달러라고 답했습니다. 그리고 '과거에 있었던 감사한 일'을 적은 집단은 30달러의 가치로 느껴진다고 보고했습니다. '감사'의 감정은 시점 할인의 효과를 줄입니다.

다만 어느 상황이든 시점 할인은 강하게 작용하는 것을 알 수 있습니다. 그러므로 목표를 향해 노력하지 않는 아이에게 초조해하지 않기를 바랍니다. 적절하게 '즉각적 보상'과 '감사하기'를 활용해 봅시다.

핵심 포인트

☐ 시간적으로 멀리 떨어져 있을수록 가치를 낮게 느낀다(시점 할인)

☐ 아이의 1년은 한없이 긴 시간이다

☐ '감사'의 마음은 시점 할인의 효과를 줄인다

POINT 6-2 '보상으로 낚는 것'은 나쁜 것이 아니다

 두 번째 마음가짐은 보상입니다. 여러분은 보상으로 꾀어내어 자녀를 공부하게 하는 것에 부정적인 이미지를 갖고 있지는 않나요? 즉 보상으로 아이의 행동을 통제하는 것에 대한 죄책감이나 보상으로 인하여 아이가 잘 따라주어도 아이가 보상만을 바라며 행동하는 것에 대한 혐오감 등이 있을 수 있습니다.

 물론 그러한 부정적인 감정을 갖는 것이 잘못되었다고는 말할 수 없습니다. 보상을 주는 것뿐만 아니라 아이를 칭찬하거나 혼내는 일도 포함하여 외적인 힘으로 아이의 행동을 통제하는 것은 최선이라고는 할 수 없지요. 사실은 아이의 내재적 동기가 유발되어 스스로 행동하게 되길 원합니다.

 그러나 이 책에서 이야기 나눴듯이 '내재적 동기가 있으면 사람은 행동할 수 있는가'라고 한다면 반드시 그렇지만은 않습니다. '의욕은 있다', '하는 편이 좋은 것 같다'라고 생각하지만, 행동으로는 옮겨지지 않는다…. 이러한 경험은 누구에게나 있습니다.

그렇다면 멀리 있는 목표를 위해 노력하기보다 눈앞의 보상(즉각적 보상)을 목표로 할 때 열심히 할 수 있다고 한다면 보상을 잘 활용하는 것이 도움이 됩니다.

보상에는 효과적인 사용법이 있다

그러면 이렇게 생각해보는 것은 어떨까요?

'보상이나 칭찬, 꾸중으로 아이의 생각이나 감정을 통제하는 것은 되도록 피해야 한다. 하지만 아이가 본인의 생각이나 감정에 따른 행동을 하기 위한 도움으로 보상을 사용하는 것은 괜찮다.'

조금 더 구체적으로 이야기하면 본인은 공부에 대한 의욕이 없는데 보상으로 꾀어내어 공부시키는 것은 좋지 않습니다. '공부 안 하면 게임 금지'처럼 벌로 위협하는 것은 더욱 좋지 않습니다.

'본인도 열심히 공부하려고 하지만 좀처럼 의욕이 생기지 않는다'와 같은 경우가 보상이 대활약하는 경우입니다.

그저 공부에 흥미가 없는 상태일 때, 좋지 않다는 것을 알면서도 보상으로 꾀어내어야만 할 때도 있을 것입니다. 그러한 경우에는 보상을 목적으로 공부하는 사이에 공부의 즐거움이나 보람을 느낄 수 있도록 유도하여 보상이 잘 활용되도록 합시다.

　곰곰이 생각해보면 우리 어른들이 하는 '일'에도 비슷한 부분이 있습니다. 일은 말하자면 '급여'라는 '보상을 목적으로 하는 행동'의 측면이 있습니다.

　저의 경우를 예로 들어봅시다. 저는 대학생이었을 때 학원 강사 아르바이트로 경력을 쌓기 시작했습니다. 이 일을 고른 가장 큰 이유는 높은 급여였습니다. 이야말로 보상을 목적으로 한 행동이었지요. 그런데 정작 일을 시작하니 일에서 재미와 보람을 느꼈고 정신을 차려보니 20년 동안 이 일에 푹 빠져있었습니다.

　마찬가지로 처음에는 높은 급여나 좋은 처우로 직장을 선택하지만 생각해보면 그런 조건보다 일의 즐거움에 빠져들었다는 사람도 분명히 있습니다.

스스로 자신에게 보상해주는 것이 최종목표이다

　어른의 경우에는 생활이 있으므로 '급여 따위 필요 없어'라고는 할 수 없지만, 아이들의 경우에는 '보상 따위 필요 없어'라고 말하는 아이도 많습니다. 초등학교 4학년에서 5학년 정도의 아이들이라면 포인트를 받기 위해 열심히 공부하는 아이들이 많지만, 초등학교 6학년 정도가 되면 포인트에는 흥미가 없어지고 스스로 공부하는 아이들도 많아집니다. 보상은 스스로 공부에 흥미를 느낄 때까지만 사용하는 '보조 바퀴'와 같은 역할인 거지요.

내재적 동기를 키우는 것과 공부를 습관화하는 것이 제대로 이루어지지 않으면 언제까지나 계속해서 당근과 채찍으로 아이들을 통제해야 합니다.

그러나 이 책을 읽은 여러분은 그런 일이 발생하지 않을 것입니다. 그러므로 보상에 관해 지나치게 부정적인 이미지를 갖지 않기를 바랍니다.

그리고 최종적으로는 스스로 자기에게 보상을 설정하여 동기를 높일 수 있도록 키웁시다. 스스로 보상을 준비할 수 있다는 것은 어떤 의미로는 어른의 특권입니다. 궁극의 자기 관리라고 말할 수 있을지도 모르겠네요. 다른 사람에게 의존하지 않고 스스로 자기 의욕을 통제하는 것이기이므로 전혀 나쁜 행동이 아닙니다.

아이가 과자나 선물 때문이 아니라 자신이 성장하는 모습에 기쁨을 느끼고, 그 기쁨이 동기부여로 이어진다면 이것이야말로 바람직한 자녀 양육이 아닐까?

아이가 이러한 상태가 될 때까지 이끌어주는 것을 양육의 목표 중 하나로 해보면 어떨까요?

핵심 포인트

- [ ] 눈앞의 보상(즉각적 보상)은 잘 활용하는 것이 좋다
- [ ] 보상은 '아이의 생각이나 감정'이 아니라 '행동'을 통제해야 한다
- [ ] 스스로 자기에게 보상을 설정하여 동기를 높일 수 있도록 한다

POINT 6-3 '소소한 보상 작전'이 습관화에 효과가 있다

그리고 '보상으로 의욕을 통제하는 것이 나쁘지 않다'라고 생각한다면 다음으로 고려해야 할 점은 '어떤 보상이 효과적일까'하는 것입니다. 6-3에서는 <u>보상을 잘 사용하기 위한 마음가짐</u> 3가지를 소개하겠습니다.

마음가짐① 보상은 영원히 줄 생각으로 한다

자주 학부모에게 "언제까지 보상을 주면 될까요?"라는 질문을 받습니다. 그러면 저는 "계속이요"라고 대답합니다.

6-2에서 일의 급여를 예로 들었습니다만 보상의 기간 역시 일과 마찬가지라고 생각하면 됩니다. 여러분이 급여를 목적으로 일을 시작했다고 가정해 봅시다. 조금 지나면 일이 손에 익어서 일도 재미있

어집니다. 그즈음 상사가 "이제 급여 없이 일해도 괜찮겠지?"라고 말을 꺼냅니다. 여러분은 상사의 말에 어떤 생각이 드나요?

물론 대부분은 "그럼 그만두겠습니다"라고 대답하겠지요. 개중에는 '고객을 위해서', '동료를 위해서'라며 봉사와 같은 형식으로 일하는 사람이 있을지도 모르겠지만 그것은 매우 드문 일입니다.

아이에게 보상을 줄 때도 꾸준히 보상을 줄 생각으로 해야 합니다. 조만간 아이가 먼저 보상에 관심이 없어질지도 모릅니다. 어른들처럼 생활이 걸린 문제가 아니기에 보상보다도 큰 보람을 느끼게 되면 보상이 없어지기도 합니다.

그러나 보상해주는 쪽이 그렇게 되기를 기대하고 그것을 전제로 보상 작전을 시작하면 큰 실패의 원인이 될 수 있습니다. 공부가 습관이 되고 어려움 없이 행동할 수 있게 되어도 그 습관을 지속해야만 하는 이유가 본인 안에 없다면 그만둬 버리는 일도 충분히 일어날 수 있습니다.

그러므로 3년이나 5년이 지나도 아이가 보상을 목적으로 열심히 하는 상황이 계속될 수도 있습니다. 그래도 괜찮다는 마음으로 보상을 준비해 둡시다.

마음가짐② 보상은 신속성이 중요하다

여러분 '시점 할인'을 기억하고 계시나요? 보상을 받을 시점이 멀리 있을수록 가치가 떨어지게 느껴지는 현상입니다. 반면에 행동했을 때 바로 보상을 받으면 그것은 가치가 매우 높게 느껴집니다. 공부하고 있는 '바로 그때' 다정한 말과 응원의 말을 해주면 더욱 의욕이 높아지겠지요.

'바로 그때'의 다음으로 좋은 순간은 '행동한 직후'입니다. 보상을 준다면 이때가 가장 효과적입니다.

물론 공부를 마치고 바로 보상을 주는 것이 어려울 때도 있지만 빠르면 빠를수록 좋으니 되도록 빨리 바로 보상해줍시다.

마음가짐③ 보상은 빈도가 중요하다

공부를 습관화하기 위해서는 수없이 반복하는 것이 중요합니다. 무수히 반복하기 위해서는 '이것을 해서 참 좋았어! 다음에도 열심히 해야지!'라고 생각하는 것이 중요합니다. 그러므로 그때마다 보상해주는 것이 가장 효과적이지요. '한 주간 목표를 달성하면 보상'을 주는 것보다도 '하루의 목표를 달성하면 보상×7'로 주는 것이 효과는 더 커집니다.

잦은 빈도로 보상해주려면 어쩔 수 없이 회당 작은 상을 받을 수밖에 없습니다. 그렇지 않으면 유지하기 어렵지요. 하지만 그래도 괜찮습니다. 마음가짐②에서 이야기했듯이 바로 받을 수 있는 보상은 작은 것이라도 가치가 크게 느껴집니다. 그러므로 효과는 나타날 것입니다.

마음가짐을 정리해봅시다.

- 꾸준히 할 생각으로
- 작은 보상을
- 가능한 한 바로
- 자주 줍시다

이것은 작은 보상을 몇 번이나 주는 '소소한' 보상 작전으로 아이의 행동을 습관까지 이끌어 줄 것입니다.

아이에게 주는 보상은 '꾸준히 할 생각으로', '작은 보상을', '가능한 한 바로', '자주' 주는 것이 중요하다

핵심 포인트

- [ ] 보상은 영원히 줄 생각으로 한다
- [ ] 보상은 속도가 중요하다
- [ ] 보상은 빈도도 중요하다

POINT 6-4 부모가 아이의 '좋은 롤모델'이 되면 좋은 이유

여러분은 어떤 습관을 기르고 싶습니까? 건강을 위해 운동을 습관화하고 싶나요? 아니면 승진을 위해 공부하는 습관을 기르고 싶나요? 혹은 반대로 습관을 없애고 싶나요?

날마다 완벽하게 행동할 수 있는 사람은 없습니다. 분명 여러분에게도 바꾸고 싶은 부분이 있을 것입니다. 이 책에서 배운 내용을 활용하여 꼭 자신의 습관도 바꿔 봅시다.

여러분이 자녀와 함께 습관화에 도전하는 것에는 매우 좋은 효과가 있습니다. 우선 첫 번째 효과는 아이들에게 좋은 롤모델이 될 수 있습니다.

부모를 따라 하는 아이의 '습성'을 이용한다

인간의 뇌에는 거울 뉴런(Mirror neuron)이라는 세포가 있습니다. 거울 뉴런의 활동에 따라 우리는 다른 사람의 생각이나 행동을 내가 경험했듯이 느낄 수 있습니다. 그리고 무의식 속에 상대방을 이해하고 공감합니다.

예를 들어 누군가 초조해하면 우리도 초조해질 때가 있습니다.

또는 누군가 아픈 상처를 입으면 왠지 자신도 아픈 듯한 기분이 들 때가 있지 않나요?

친한 사람이 기뻐하거나 슬퍼할 때, 마치 우리 일처럼 느껴질 때가 있습니다.

이것은 심리학에서 '정서 전이(emotional contagion)'라고 합니다.

감정뿐만이 아닙니다.

'하려고 한 일'도 전이시킵니다. 이것은 '목표 전이'라고 합니다.

예를 들어 누군가 맛있는 음식을 먹으면 자신도 그것이 먹고 싶어지거나 친구가 가지고 있는 게임을 보면 자신도 갖고 싶어집니다. 그리고 가족들이 재미있게 텔레비전을 보고 있으면 자신도 모르게 어느새 보고 있을 때가 있습니다.

분명 여러분도 이러한 경험이 있지 않나요? 이제부터 이러한 사람의 성질을 잘 이용해봅시다. 여러분이 아이 앞에서 좋은 본보기를 보여주면 아이의 거울 뉴런이 활동하여 여러분을 따라 하게 됩니다. 자신도 함께 좋은 습관을 만들겠다는 목표를 가지며 '저렇게 따라 해야지'라고 결심하지요.

아이는 어른의 말을 따라 좀처럼 행동하지 않습니다. 하지만 아이들은 우리가 하는 행동을 따라 합니다. 아이의 행동을 촉진하려면 우리가 행동해 보이는 것이 가장 좋은 방법입니다.

한 가지 더 얻을 수 있는 효과는 우리도 해보면 습관화의 어려움을 잘 알 수 있다는 점입니다.

습관화의 어려움을 스스로 맛본다

아이가 성실히 공부를 계속하지 않으면 초조해지는 부모가 많습니다.

"왜 공부를 열심히 안 하니!"

이렇게 화를 냈던 분들이 많을 것입니다.

하지만 꾸준히 노력을 계속하기는 그리 쉽지 않습니다. 가끔 빼먹기도 하면서 다시 마음을 다잡고 합니다. 그것을 반복하면서 조금씩 앞으로 나아가게 되는 것이지요.

그때 중요한 핵심은 관대한 마음으로 실패를 받아들이는 것입니다. 5-4에서 이야기했지요?

만약 우리도 함께 무언가를 습관화하는 일에 도전한다면 분명 실패하는 날이 있을 것입니다. 그리고 꾸준히 하는 일의 어려움을 몸소 느끼게 되겠지요.

그러면 자녀가 실패했을 때 너그러운 마음으로 봐줄 수 있을 것입니다. 말뿐인 위로나 격려의 말이 아닌 마음에서 우러난 다정한 응원의 말을 건네줄 수 있습니다.

이러한 응원은 재도전하려는 아이에게 힘이 될 것입니다.

그러므로 자녀에게 좋은 영향을 미칠 수 있으므로 당신도 아이와 함께 습관화에 도전해보시기를 바랍니다.

만약 자녀를 책을 좋아하는 아이로 키우고 싶다면 부모가 먼저 독서를 즐기는 모습을 보이는 것이 가장 효과적이다

핵심 포인트

☐ 부모도 자녀와 함께 행동의 습관화를 도전한다

☐ 아이에게 좋은 롤모델이 되고 따라 하게 된다(정서 전이) (목표 전이)

☐ 자신도 해보면 습관화의 어려움을 잘 알게 된다

POINT 6-5 부모의 '완벽주의'는 아이를 망쳐버린다

여러분은 아이들에게 무의식중에 "이렇게 해라", "저렇게 해라"라고 세세하게 자주 지시를 내리지는 않나요? 중학 입시를 위해 학원에 다니기 시작하면 아이가 좋은 성적을 받게 하고 싶어서,

"이것을 공부해라"

"저것을 공부해라"

"그런 방법은 효율적이지 않아"

라고 간섭하고 싶어질 수도 있을 것입니다. 이것은 아이를 위해서 하는 행동이기 때문에 애정의 표현이라고 할 수 있습니다.

그 마음은 절대 나쁘지 않지요.

하지만 이러한 지나친 간섭은 결과적으로는 아이가 장래에 우울증에 걸리거나 불안 장애를 유발하게 되어 아이 인생의 행복도를 낮

출 수 있기에 주의가 필요합니다.

왜 이러한 일이 생기는 걸까요? 그것은 부모가 아이의 일에 간섭이 심하면 아이에게 "네가 하는 일은 틀렸어"라는 메시지를 보내게 되기 때문입니다.

그 결과 아이는 자신이 완벽하게 하지 못하는 것에 두려움을 갖게 되고 그런 자신을 책망하게 되지요.

사람은 완벽하게 행동할 수 없다

즉 '완벽해야 해'라고 생각하는데 완벽하게 해내지 못하면 항상 자신을 몰아세우게 되어버리는 것이지요.

이것은 '부적응적 완벽주의(Maladaptive Perfectionism)'(자신 또는 타인에게 과도하게 높은 기준을 부여하고 이러한 높은 기준을 달성하지 못했을 때 심리적 고통을 느낀다)라고 하며 앞에서 이야기했듯이 우울함이나 불안의 원인이 되어 아이 인생의 행복도를 낮추는 원인이 됩니다.

싱가포르 국립대학교의 연구에서도 지나치게 간섭하는 양육방식 속에서 자란 아이일수록 자신을 비판하는 경향이 크고 이러한 자기 비판적인 태도는 우울 증상이나 불안의 증가와 상관관계가 있는 것으로 확인되었습니다.

아이를 위해서 한 행동이 아이의 인생을 불행하게 만들 수 있습니다. 되도록 이러한 상황은 피하고 싶네요.

먼저 부모가 완벽주의 성향을 버린다

그럼 그렇게 되지 않기 위해서는 어떻게 하면 좋을까요?

그것은 실패를 두려워하는 완벽주의 성향을 부모 자신이 먼저 내려놓는 것입니다. 간섭이 심해지는 이유는 '아이에게 실패를 경험하게 하고 싶지 않기'때문이라고 생각합니다. 자칫하면 그것은 '자신의 양육 실패'로 여겨질 수도 있습니다.

그러한 실패를 두려워하는 마음이 강하면 이상적인 상태와 현실의 차이를 비교하게 되어 사물을 감점법(마이너스 사고로 이상적인 모습에서 하나씩 깎는 방법)으로 평가하게 됩니다. 그리고 비난이나 낙담으로 이어지기 쉽습니다. 그러므로 우선 자신 안에 있는 불안이나 공포를 내려놓도록 합시다.

시험에서 나쁜 점수를 받는 것은 '이 공부 방법이 통하지 않았다'라는 데이터를 얻는 것뿐입니다. 이것을 바탕으로 다음에 잘하면 됩니다. 공부 습관을 만들려다가 잘 안됐을 때도 마찬가지입니다. 실패는 거기서 끝나버리므로 실패이지만 이것을 기초로 삼아 다음 기회에 성공으로 연결할 수 있다면 그것은 성공의 한 과정입니다. 지금의 상태를 그대로 받아들여서 이제부터 어떻게 하면 성공으로 이어질 수 있는지를 생각해봅시다.

이 책에서는 행동을 통제하여 자신이 원하는 습관을 만드는 방법을 소개해드렸습니다. 그러나 이러한 습관화의 기술을 사용한다고 해도 자신의 행동을 통제하는 일은 쉽지 않지요.

하물며 자신도 아닌 아이의 행동을 생각대로 통제하는 일은 더 어렵습니다. 하지만 통제하기 위해서 지나치게 간섭하면 안 됩니다. 어디까지나 주체는 아이 자신이므로 우리는 아이에게 목표를 달성하는 방법을 알려주는 '조력자'의 역할을 충실히 합시다.

핵심 포인트

☐ 지나친 간섭은 아이 인생의 행복도를 낮춘다

☐ 실패를 두려워하는 완벽주의 성향을 먼저 부모가 내려놓는다

☐ 어른은 아이에게 목표를 달성하는 방법을 알려주는 '조력자'이다

POINT **6-6** '무슨 일이든지 바꿀 수 있다'라고
믿는 유연한 태도를 갖자

이 책의 1장에서는 '자기 통제력이 높은 아이가 성적도 우수하다'라고 이야기했습니다.

마시멜로 실험을 통과한 참을성이 강한 아이는 장래에 성적이 우수하게 될 확률이 높았습니다. 6-6에서는 이러한 결과를 뒤엎는 이야기를 하려고 합니다.

미국 뉴욕대학교의 타일러 와츠(Tyler W. Watts)와 연구팀의 마시멜로 실험에 관한 새로운 연구에 의하면 '결과는 한정적'이었다고 합니다.

기존의 마시멜로 실험은 실험참가자가 스탠퍼드 대학교 관계자의 아이들로만 구성되었습니다. 와츠는 소득수준이 낮은 가정이나 교육 수준이 낮은 가정도 실험참가자로 포함하여 더 광범위한 환경의 아이들을 대상으로 재실험하였습니다. 그리고 '가정의 연 수입'의 요

소도 포함하여 복합적으로 분석했습니다.

그 결과 '두 번째 마시멜로를 획득했는지'는 아이 가정의 경제적 배경과 높은 상관관계를 갖고 있다는 사실을 알았습니다. 부유하고 높은 교육 수준을 가진 부모의 아이일수록 눈앞의 유혹에 강하고 가난하고 부모가 대학을 나오지 않은 집안에서 자란 아이는 눈앞의 유혹에 약했다고 합니다.

또한 아이의 장기적인 성공 요인은 '두 번째 마시멜로를 획득했는지'보다도 그 아이의 가정이 경제적으로 여유로운지가 더 중요했다고 합니다.

가정환경이 좋지 않으면 포기할 것인가?

이러한 결과를 볼 때 여러분은 어떤 생각이 드나요? 우리는 다음의 3가지를 주요하게 생각할 수 있습니다.

① 가정환경이 아이의 성적이나 장래의 성공에 미치는 영향이 크다면 이미 장래는 대체로 정해져 있다. 그러므로 특별히 어떠한 노력도 하지 않아도 된다고 생각한다.
② 가정환경이 아이의 성적이나 장래의 성공에 미치는 영향이 크다면 그것 이외의 요소도 있을 것이다. 내가 할 수 있는 일에 최선을 다하자고 생각한다.

③ 가정환경이 아이의 성적이나 장래의 성공에 미치는 영향이 크다면 가정환경을 바꾸자. 아이에게 경제적인 여유를 줄 수 있도록 노력하고 지금부터라도 학력을 높이자고 생각한다.

여러분은 어디에 해당하나요? 조금 심술궂은 질문이었을 수도 있겠네요. 가정환경이 아이의 학력이나 장래의 성공에 미치는 영향이 큰 것은 사실입니다. 하지만 그것만으로 아이의 장래가 결정되는 것은 아닙니다.

애초에 마시멜로 실험은 '눈앞의 유혹을 참는다'라는 자기 통제력의 극히 일부 측면만을 시험한 것입니다. 그러나 이 책에서 이야기했듯이 사람은 장기적인 목표를 위해 눈앞의 유혹을 참는 것이 원래 서툴고, 인내력에 의지하는 것은 유혹에 빠지기 쉬운 패턴입니다.

아이가 스스로 계획을 세울 수 있고, 행동 자체에 즐거움을 느낄 수 있도록 자기 통제력을 가르치는 것이 중요하다

그것보다도 'if-then 플래닝'이나 '행동 자체에 즐거움을 발견(친구와 함께 재미있게 공부한다)'하는 편이 훨씬 효과적이었습니다.

이렇게 '넓은 의미에서 자기 통제력을 발휘하는 기술을 가르치는 것이 중요하다'라는 말을 재차 강조해 두고 싶습니다.

부모 자신부터가 '무엇이든지 바꿀 수 있다'라고 믿는다

이러한 질문을 한 이유는 아이의 사고방식은 부모가 어떤 사고방식을 갖고 있는가에 영향을 받기 때문입니다.

예를 들어 '선천적인 지능은 학력에 미치는 영향이 크다'라는 말을 들었을 때 여러분의 자녀는 어떤 생각을 하게 될까요?

① 지능이 성적에 미치는 영향이 크다면 성적은 대체로 정해져 있다. 그렇다면 아무리 노력해도 어쩔 수 없다.
② 지능이 성적에 미치는 영향이 크다면 그것 이외의 요소도 있을 것이다. 할 수 있는 일에 최선을 다하자.
③ 지능이 성적에 미치는 영향이 크다면 지능을 향상하자. 지능을 높이기 위한 노력도 하자고 생각한다.

앞에서 이야기한 질문의 답변과 비슷하지요. 하지만 여러분의 아이는 어떻게 생각하고 어떻게 행동하기를 원하나요?

'지능은 변하지 않는다'고 생각하는 아이는 바꾸기 위해 노력하지 않습니다. 따라서 자기의 생각대로 '지능은 변하지 않는다'라는 결과를 초래합니다.

'지능은 변할 수 있다'고 생각하는 아이는 지능을 향상하기 위해 노력합니다. 따라서 자기의 생각대로 '지능이 높아진다'라는 결과가 실현됩니다.

만약 아이에게 '무엇이든지 바꿀 수 있다'라는 마음을 가지게 하고 싶다면 우리가 먼저 본보기가 되어야 합니다.

핵심 포인트

☐ 가정환경만으로 아이의 장래가 결정되는 것은 아니다

☐ 아이가 사고방식은 부모의 사고방식에 영향을 받는다

☐ '무엇이든지 바꿀 수 있다'라는 마음을 가지게 하고 싶다면 우리가 먼저 본보기가 되자

POINT **6-7**   '우리가 진심으로 그렇게 생각하는 것을 아이에게 전하자'

드디어 이 책의 마지막까지 왔습니다. 아이가 습관을 만들 수 있도록 도와주기 위한 마지막 한 가지 마음가짐을 알려드리겠습니다. 그것은 6-7의 제목에서도 알 수 있듯이 아이에게 전하고 싶은 것은 자신도 진심으로 그렇게 생각한다는 것입니다.

성공을 잡기 위해서는 행동을 습관화하고 쌓는 것이 중요합니다. 습관이 되기까지 행동을 지속하기 위해서는 '공부해서 좋았다'라고 아이가 느끼게 하는 것이 필요합니다. 그것을 위해서 보상 작전을 잘 활용하거나 아이를 칭찬하거나 격려하여 공부하게 하는 것이 중요합니다.

아이를 습관으로 이끄는 데 특히 중요한 것이 '부모의 마음'입니다. 이러니저러니 해도 아이에게 가장 큰 보상은 '부모가 기뻐하는 모습'이기 때문입니다.

아이의 성장을 진심으로 기뻐하는 부모가 된다.

　부모와 자녀가 한 팀이 되어 잘 걸어가는 가정은 부모가 아이의 성장을 즐깁니다.

　"아직 저게 잘 안되네"

　"저것도 해야지"

　이런 완벽주의의 감점법이 아니라 할 수 있게 된 것을 가점법(플러스 사고로 자신이 이룬 것을 하나씩 더해 가는 방법―옮긴이)으로 평가하지요. 그래서 부모가 자녀의 좋은 점을 발견하여 기뻐하면 아이에게도 그 마음이 전해집니다. 그리고 아이는 의욕이 생기면서 더 열심히 하게 되지요.

　하지만 이러한 진심도 없이 말로만 마음에도 없는 칭찬을 하거나, 아이를 꾀어내기 위한 도구로 보상을 주더라도 아이는 공부할 마음이 생기지 않습니다. 아이는 어른의 기분을 헤아리는 예리한 통찰력이 있습니다.

　아이의 성장을 마음에서 진심으로 기뻐합시다.

　그리고 또 입으로는 '결과보다도 꾸준히 노력을 쌓는 것이 중요하다'라고 말하면서 시험 결과를 보고 실망하는 듯한 기색을 보이면 그러한 마음 역시 아이에게 전달됩니다. 아이는 어른의 모든 것을 지켜봅니다. '아, 역시 눈앞의 결과가 중요하구나'라고 아이는 이해하게 됩니다. 그렇게 되지 않기 위해서는 결과보다도 노력이 중요하다는 것을 마음으로 믿읍시다.

'습관에 따라 인생이 바뀐다'
'습관 만들기의 기술로 인생을 바꿀 수 있다'
'시험 점수가 나쁠 때는 오답 노트를 만들어 성장하는 기회로 만들자'

아이에게 전하고 싶은 모든 메시지는 자기 자신도 '진심으로 그렇게 생각하는 것'이 중요합니다. 그렇게 하면 아이에게도 온전히 전해집니다. 우리의 뇌는 다른 사람의 느낌이나 생각에 공감할 수 있기 때문입니다.

아이뿐만 아니라 자신도 변화한다

그럼 어떻게 하면 자신의 사고방식을 바꿀 수 있을까요?
그 방법은 이 책의 1장에서 이미 이야기했습니다.
기억하시지요?
사고방식이나 성격도 습관화의 기술로 바꿀 수 있었습니다.
먼저 이상적인 자신의 사고방식이나 성격을 그려봅시다. 그리고 그러한 사고방식과 성격에 어울리는 행동을 떠올려 봅니다. 그런 후에 그 행동을 자신의 습관으로 만들어 갑시다. 그 행동을 반복하다 보면 여러분의 사고방식과 성격은 여러분이 그린 이상적인 상태로 바뀌어 있을 것입니다.

여러분이 자신의 행동과 성격을 습관화의 기술로 통제할 수 있게 되면 여러분과 자녀의 인생은 멋지게 변해 있을 것입니다.

기대하는 마음으로 습관화를 도전해주세요!

핵심 포인트

- [ ] 아이에게 전하고 싶은 것은 자신도 진심으로 그렇게 생각해야 한다
- [ ] 아이에게 가장 큰 보상은 부모가 기뻐하는 모습이다
- [ ] 부모와 자녀가 한 팀으로 잘 걸어가는 가정은 부모가 아이의 성장을 즐긴다

에필로그

이 책을 끝까지 읽고 나니 여러분의 생각은 어떠한가요?

제가 이 책을 쓰면서 종종 생각한 것은 '초등학생 시절의 자신에게도 알려주고 싶다'라는 마음이었습니다.

저는 초등학생 시절 여름 방학 숙제는 늘 8월 말이 되어 급하게 해치웠습니다. 일기는 제대로 써본 적이 없네요.

저학년 때는 베네세(Benesse, 일본 교육 콘텐츠 전문 기업)에서 나오는 '챌린지'라는 학습지로 공부했습니다. 이것도 매달 제출 기한 날이 다 되어서야 황급히 하기 바빴습니다. 어머님께 얼마나 혼이 났는지 모를 정도입니다. 고학년이 되면서 학원에 다니기 시작했습니다. 이때도 숙제는 학교에서 돌아오자마자 시작하여 학원에 가기 전까지 황급히 했습니다.

공부는 하지 않고 놀기만 하는 저에게 화가 난 어머님이 베란다 창문에서 학원 교재를 던져 버리는 일도 몇 번이나 있었습니다.

물론 혼이 나서 풀이 죽었지만 그렇다고 하여 꾸준히 공부하게 되지는 않았습니다.

지금 아이들을 지도하는 입장이 되어보니 그 당시 어머님의 속상함이나 마음고생을 이제야 알겠네요.

"너는 왜 열심히 공부하지 않니?"

아이들에게 이렇게 말하고 싶네요. 사실은 어머님께 몇 번이나 들었던 말입니다. 자녀에게 이런 말을 하는 부모가 참 많을 듯싶습니다.

여러분은 어떠한가요?

한편 그런 말을 듣는 아이들의 기분도 잘 압니다. 아이들의 기분보다도 그 시절의 제가 느낀 감정을 기억합니다. 열심히 하자고 결심했으면서도 할 수가 없었습니다. 늘 작심삼일로 끝나버렸지요. 그런 저 자신이 너무 한심했습니다. 그리고 너무 분하고 속상했어요.

열심히 하지 못하는 아이를 지켜보는 부모도 괴롭지만 힘을 내지 못하는 아이도 마찬가지로 괴로운 시간을 보내고 있습니다. 아이에게 습관을 만드는 기술이나 습관을 바꾸는 기술을 알려주면 어느 쪽의 괴로움도 한꺼번에 해결할 수 있습니다.

공부든 배우는 일이든 어른이 되면 하게 될 업무든 모두 마찬가지입니다. 목표를 정하고 이상적인 상태를 이루기 위해 해야 할 일을 계획합니다. 그리고 그 계획을 실행하면서 얻어지는 반응을 느끼고 즐기는 것입니다.

깨어 있는 대부분을 아이는 공부에, 어른은 일에 시간을 보냅니다. 이 시간이 괴롭거나 즐거운지에 따라 삶의 행복도는 크게 달라집니다.

그러므로 이 책에는 아이의 삶을 행복하게 만드는 힘이 있다고 믿습니다.

그리고 습관화의 기술은 부모와 자신의 관계도 좋게 만들 수 있습니다.

"화내지 않고 다정한 부모가 되기로 했는데 또 화를 내어버렸습니다. 저 자신이 너무 싫어지네요. 화를 내도 분위기만 안 좋아질 뿐 아이의 행동은 결국 변하지 않습니다. 제가 왜 화를 냈을까요."

"아이의 좋은 점을 발견해서 칭찬하는 부모가 되고자 했는데 정신 차려보니 또 아이의 잘못을 꾸짖고 있었습니다."

저의 뉴스레터나 유튜브를 보신 분들에게 이런 메시지가 자주 옵니다.

이처럼 '한번 해보려고 했지만 지속하지 못했습니다'라고 말씀하시는 분이 아주 많았습니다. 매우 힘들었겠네요.

어른이라도 자신의 습관을 바꾸는 일은 매우 힘이 듭니다.

하지만 지금까지 그러한 고민이 있었을지라도 그것은 오늘로 끝낼 수 있습니다.

그러한 분은 습관화의 기술을 몰랐기 때문에 지금까지 자신의 행동을 바꾸지 못한 채 괴로워했던 것입니다. 제대로 기술을 알고 활용하면 바른 행동을 습관화할 수 있습니다.

여러분은 자녀 양육의 목적이 무엇인가요? 먼저 목적을 명확하게 하는 것부터 시작합시다.

부모와 자녀가 함께 웃는 것이 중요한 목적 중 하나가 아닐까요?

그리고 그 목적으로 연결되는 행동은 무엇인가요? 행동 목표를 정합시다.

'화내는 것'처럼 목적으로 이어지지 않고 기분 상한 마음만 남는 행동은 조금씩 줄입시다.

그리고 바른 행동을 할 수 있었는지를 측정해 봅시다. 아이의 좋은 점을 몇 가지 발견하고 그것을 이야기할 수 있었는지 세어보는 것을 추천합니다. 그렇게 한다면 여러분은 칭찬을 잘하는 부모가 될 것입니다.

바른 행동을 했을 때는 자신을 칭찬해 줍시다. 그리고 자신에게 보상을 해주면 어떨까요? 아이를 대하는 방식이 바뀌면 아이의 행동도 달라집니다.

부모와 자녀가 좋은 습관을 만들 수 있다면 함께 웃는 날들도 많아질 것입니다. 일이나 공부 이상으로 부모와 자녀의 좋은 관계는 삶의 행복과 연결됩니다.

습관에는 큰 힘이 있습니다. 이 책의 내용을 즐기고 실천하여 충만한 하루하루가 되기를 바랍니다.

신가쿠카이(伸学会) 대표 기쿠치 히로타다(菊池洋匡)

참고문헌

Boreom Lee, Ji-Young Park, Wi Hoon Jung, Hee Sun Kim, Jungsu S Oh, Chi-Hoon Choi, Joon Hwan Jang, Do-Hyung Kang, Jun Soo Kwon, "White matter neuroplastic changes in long-term trained players of the game of "Baduk" (GO) : a voxel-based diffusion-tensor imaging study"

Wi Hoon Jung, Sung Nyun Kim, Tae Young Lee, Joon Hwan Jang, Chi-Hoon Choi, Do-Hyung Kang and Jun Soo Kwon, "Exploring the brains of Baduk (Go) experts : gray matter morphometry, resting-state functional connectivity, and graph theoretical analysis"

Terrie E. Moffitt, Louise Arseneault, Daniel Belsky, Nigel Dickson, Robert J. Hancox, HonaLee Harrington, Renate Houts, Richie Poulton, Brent W. Roberts, Stephen Ross, Malcolm R. Sears, W. Murray Thomson, and Avshalom Caspi, "A gradient of childhood self-control predicts health, wealth, and public safety"

Angela L. Duckworth, Martin E. P. Seligman, "Self-Discipline Outdoes IQ in Predicting Academic Performance of Adolescents"

Lex Borghans, Bart H. H. Golsteyn, James J. Heckman, and John Eric Humphries, "What grades and achievement tests measure"

Roberts B. W. , DelVecchio W. F. , "The rank-order consistency of personality traits from childhood to old age : A quantitative review of longitudinal studies"

Kentaro Fujita, Yaacov Trope, Nira Liberman, and Maya Levin-Sagi, "Construal Levels and Self-Control"

Hal Ersner-Hershfield, M. Tess Garton, Kacey Ballard, Gregory R. Samanez-Larkin, and Brian Knutson, "Don't stop thinking about tomorrow : Individual differences in future self-continuity account for saving"

Hal E. Hershfield, Daniel G. Goldstein, William F. Sharpe, Jesse Fox, Leo Yeykelis, Laura L. Carstensen, Jeremy N. Bailenson, "Increasing Saving Behavior Through Age-Progressed Renderings of the Future Self"

Martin Oscarsson, Per Carlbring, Gerhard Andersson, Alexander Rozental, "A large-scale experiment on New Year's resolutions : Approach-oriented goals are more successful than avoidance-oriented goals"

Marina Milyavskaya, Michael Inzlicht, "What's So Great About Self-Control? Examining the Importance of Effortful Self-Control and Temptation in Predicting Real-Life Depletion and Goal Attainment"

James E Painter, Brian Wansink, Julie B Hieggelke, "How visibility and convenience influence candy consumption"

Gollwitzer, Peter M. , "Implementation intentions : Strong effects of simple plans"

Kaitlin Woolley, Ayelet Fishbach, "Immediate Rewards Predict Adherence to Long-Term Goals"

Navin Kaushal, Ryan E Rhodes, "Exercise habit formation in new gym members : a longitudinal study"

Ayelet Fishbach, Ravi Dhar, "Goals as Excuses or Guides : The Liberating Effect of Perceived Goal Progress on Choice"

Anirban Mukhopadhyay, Jaideep Sengupta, Suresh Ramanathan, "Recalling Past Temptations : An Information-Processing Perspective on the Dynamics of Self-Control"

Michael J. A. , Timothy A. Pychyl. , Shannon H. Bennett. , "I forgive myself, now I can study : How self-forgiveness for procrastinating can reduce future procrastination"

Adams, Claire E. Leary, Mark R. , "Promoting self-compassionate attitudes toward eating among restrictive and guilty eaters"

Simon Condliffe, Ebru Işgın, Brynne Fitzgerald, "Get thee to the gym! A field experiment on improving exercise habits"

Rebecca Koomen, Sebastian Grueneisen, Esther Herrmann, "Children Delay Gratification for Coop-erative Ends"

Ryan Y. Hong, Stephanie S. M. Lee, Ren Ying Chng, Yuqi Zhou, Fen-Fang Tsai, Seok Hui Tan, "Developmental Trajectories of Maladaptive Perfectionism in Middle Childhood"

Tyler W. Watts, Greg J. Duncan, Haonan Quan, "Revisiting the Marshmallow Test : A Conceptual Replication Investigating Links Between Early Delay of Gratification and Later Outcomes"

옮긴이 박은주

일본 도시샤대학(同志社大學) 대학원에서 심리학 박사과정을 수료했다. 주된 관심 분야는 인지 심리학과 정서 심리학이며, 한국인과 일본인을 대상으로 정서의 개념 구조를 연구해 왔다. 현재는 바른번역에서 번역가로 활동 중이다.

평생 공부 습관 만들어 주는
초등학생의 공부는 습관이 90%를 좌우한다

초판 2쇄 인쇄 2025년 9월 10일
초판 1쇄 발행 2023년 12월 12일

지은이	기쿠치 히로타다
옮긴이	박은주
마케팅	㈜더북앤컴퍼니
펴낸곳	도서출판 THE북
출판등록	2019년 2월 15일 제2019-000021호
주소	서울특별시 영등포구 양평로12가길 14 310호
전화	02-2069-0116
이메일	thebook-company@naver.com
ISBN	979-11-976185-9-8 (03590)

· 책값은 뒤표지에 있습니다.
· 잘못 만들어진 책은 구입하신 곳에서 교환해 드립니다.
· 이 책은 저작권법에 의하여 보호를 받는 저작물이므로, 무단 전재와 복제를 금합니다.

Shogakusei no Benkyo wa Shukan ga 9 Wari
Copyright © Hirotada Kikuchi 2021
First published in Japan in 2021 by SB Creative Corp.
Korean translation right arranged with SB Creative Corp.
through JM Contents Agency Co.
Korean edition Copyright © 2023 by THE BOOK

이 책의 한국어판 저작권은 저작권자와의 독점 계약으로 도서출판 THE북에 있습니다.
저작권법에 의해 한국 내에서 보호를 받는 저작물이므로 무단 전재와 복제를 금합니다.